Einsterns Schwester

3

Lesebuch

Herausgegeben von
Roland Bauer, Jutta Maurach

Erarbeitet von
Wiebke Gerstenmaier, Sonja Grimm,
Martina Schramm

Cornelsen

Einsterns Schwester 3

Lesebuch

Herausgegeben von: Roland Bauer, Jutta Maurach

Erarbeitet von: Wiebke Gerstenmaier, Sonja Grimm, Martina Schramm

Begutachtung: Katrin Bertram (Mühlenbeck), Angelika Fischer (Weiterstadt), Claudia Hoeschen (Kappeln)

Redaktion: Sabine Gerber

Illustration: Yo Rühmer, Frankfurt am Main

Umschlaggestaltung: Cornelia Gründer, agentur corngreen, Leipzig

Layout und technische Umsetzung: Marina Goldberg

www.cornelsen.de

Aus didaktischen Gründen wurden Texte gekürzt / bearbeitet.

1. Auflage, 2. Druck 2021

Alle Drucke dieser Ausgabe sind inhaltlich unverändert
und können im Unterricht nebeneinander verwendet werden.

Druck: Mohn Media Mohndruck, Gütersloh

ISBN 978-3-06-084144-8 (Lesebuch)
ISBN 978-3-06-084168-4 (E-Book Lesebuch)

PEFC
PEFC/04-31-1033

PEFC zertifiziert
Dieses Produkt stammt aus nachhaltig bewirtschafteten Wäldern und kontrollierten Quellen.

www.pefc.de

Inhaltsverzeichnis

1 Verse, Rätsel, Spielereien

2 Märchenhaftes und Fabelhaftes

3 Wissenswertes und Erstaunliches

4 Lauter tolle Geschichten

5 Das Jahr ist wie ein Buch

1 Verse, Rätsel, Spielereien

Seifenblasenverse

„Du bist der Boss“,
sagt der Albatros
und verneigt sich
vor dem Rhinozeros.

Springen Flöhe
nur in die Höhe?
Oder auch in die Tiefe,
wenn man sie riefe?

Können Forellen
Libellen
verbellen?

Zeigt die Hyäne
dir die Zähne,
mach lieber keine
Urlaubspläne!

Tragen Mücken
zur Hochzeit
Perücken*?

Die Annette
spielt Klarinette.
Der Wolf
spielt Golf.
Schaf und Gnu
spielen Blinde Kuh.
Und was spielst du?

Das Gnu
sagt zur Kuh:
„How do you do?c
Und was sagt die Kuh
zum Gnu?

Muuuh!

Der Hund saß im Fass
und sang mit Brummbass:
„Das Mee-er ist nass.
Oder wie? Oder was?“

Der Hund ist rund.
Na und?

Gerda Anger-Schmidt

Tiere, die du nicht kennst, kannst du
in einem Lexikon nachschlagen.

Kleine Erde

Die Welt ist groß.
Die Erde ist bloß
ganz klein.
Sieh in den Himmel hinein,
wenn es klar ist und dunkel:
Das Sternengefunkel
erzählt dir von Weiten
und Ewigkeiten.

Michael Kumpe

Stern

Jahrelang reiste
eilig das Licht dieses Sterns.
Jetzt trifft's bei mir ein.

Josef Guggenmos

Sterne

Ganz weit in der Ferne
stehen am Himmel die Sterne.
Unendlich viele sind sie,
zählen kann man die nie,
auch wenn sie im Dunkeln
noch so hell funkeln.

Den großen da drüben
hab ich besonders gern.
Der ist mein Lieblingsstern.
Er bringt mir nämlich Glück.
Und winke ich ihm zu,
blinzelt er zurück.

Monique und Hans Hagen

Kennst du ein Sternbild oder Sternzeichen?
Tausche dich mit einem Partnerkind darüber aus.

Nimm deine Träume

Sternengedicht zum Neuen Jahr, und nicht nur da

Komm, schau am Abend
in den Himmel hinauf!
Siehst du es funkeln
im Dunkeln?
Sterne und Mond
kommen auf ihrem Lauf
in hohem Bogen gezogen.

Abend für Abend
kannst die Sterne du sehn,
wie sie dir winken
und blinken.
Auf nächtlicher Reise
bleiben sie nirgendwo stehn
auf ihrem Weg immer weiter.

Hell scheint das Mondlicht
durch dein Fenster herein,
lockt dich mit Glimmern
und Schimmern.
Auf mystische* Weise
lädt es zum Träumen dich ein,
zu einer Reise ganz leise.

Weit, weit, so grenzenlos weit,
nimm deine Träume, sie tragen dich weit
hinauf in den Himmel durch Raum und Zeit,
zum Mond, zu den Sternen, zur Unendlichkeit.

Elke Bräunling

★ Gruselgedicht

Als ich mal spazieren ging,
nachts vor ein paar Wochen,
traf ich plötzlich ein Gespenst,
eins aus lauter Knochen.

Hu, fast wär' ich angeeckt.
„Mensch“, rief ich, „hast du mich erschreckt!“
Da sprach der Klapperheinrich:
„Das ist mir aber beinlich!“

Josef Guggenmos

Achtung! Spukzeit!

In der Nacht, in der Nacht,
wenn der bleiche Mond erwacht,
hört man vor des Schlosses Toren
grässlich grausliges Rumoren*.
Eine Stimme zischelt: „Hier!
Schlossgespenster! Folget mir!
Es ist Spukzeit! Aufgewacht!
Horch! Gleich schlägt es Mitternacht!“
Da! Kaum hat es zwölf geschlagen,
geht's dem Schlossherrn an den Kragen.
Denn schon flitzen sie herbei
mit Gewimmer und Geschrei!
Flattern wild durch Tor und Fenster –
hundertdreizehn Schlossgespenster!
Rumpeln, pumpeln, kichern, keuchen!
Bis sie – hui! – ganz schnell entfleuchen*.
Schluss! Die Spukzeit ist vorbei.
(Morgen spuken sie aufs Neu.)

Roswitha Fröhlich

Probiere, das Gedicht möglichst gruselig vorzutragen.

Wer kommt mit nach Alaska?

In Alaska, wie man weiß,
Steht ein Berg aus Sahneeis.
Links Vanille, rechts Zitrone,
Obendrauf ’ne Mokkabohne.
Ananas, Krokant, Banane
Schwimmen in gefrorner Sahne.
Täglich schneit’s dort Marzipan,
Sagen alle, die es sahn.

Willst du an den Leckereien
In Alaska dich erfreuen,
Darfst du eins vor allen Dingen
Nicht vergessen mitzubringen:
Schüsselchen und Essbesteck!
Sonst schickt man dich wieder weg.

In Alaska ist es kalt,
Weihnachtsbäume stehn im Wald,
Fein geschmückt mit hellen Kerzen,
Bunt behängt mit Zuckerherzen,
Schokoladen, Mandelschnitten,
Puppenwagen, Rodelschlitten.
Immer ist dort Feiertag,
Jeder nimmt sich, was er mag,
Apfelstrudel und Baiser*,
Und kriegt doch kein Magenweh.

Willst du an den Schleckereien
In Alaska dich erfreuen,
Iss dein Süppchen etwas schneller!
Denn wir müssen deinen Teller
Und das Löffelchen noch waschen,
Um den allerletzten Zug
Nach Alaska zu erhaschen.
Ist das Essbesteck nicht rein,
Lassen sie uns nicht hinein.

Mascha Kaléko

Alaska gibt es wirklich! Finde heraus, wo es liegt.
Wie sieht es dort aus? Wer lebt dort?

Der Mann in der Nuss

Kürzlich knackte ich ’ne Nuss,
und zu meinem Schrecken
musste ich statt eines Kerns
’nen kleinen Mann entdecken.

Der schimpfte, tobte, drohte mir,
weil ich sein Haus zerstört,
und mit aufgebrachter Stimme
rief der Mann empört:

In jeder millionsten Nuss
wohnt ein kleiner Mann.
Darum, wenn du Nüsse knackst,
klopfe vorher an.

Christl Pfister

Wo könnten sich kleine Männchen, Feen,
Wichtel oder Trolle noch verstecken?

Wolkenkratzer-Gedicht

(Von unten nach oben zu lesen!)

ich klettre wieder runter.
Der Reim soll machen, was er will,
vom Wolkenkratzerwunder.
Jetzt steh ich auf der Spitze

immer von unten nach oben.
Ich lese das Gedicht,
der ist ganz schön verschroben*.
Ich klettre diesen Turm hinauf,

und fühl mich ganz schön fit.
Ich lese das Gedicht
immer Schritt für Schritt.
Ich klettere den Turm hinauf,

die Puste reicht, zum Glück.
Ich lese das Gedicht,
immer Stück für Stück.
Ich klettere den Turm hinauf,

und will da oben sein.
Gefunden hab ich einen Turm
ganz aus Wörtern und Stein.
Gefunden hab ich ein Gedicht,

Pedro Mañas

Die Schaukel

Fliegt ihr so hoch mit der Schaukel wie ich
bis in den Himmel hinein?
Nichts kann für Kinder, für dich und für mich,
schöner als schaukeln sein.

Hoch in die Luft, über Garten und Zaun,
flieg ich zum Himmelsrand.
Kann über Flüsse und Bäume hinschaun
und auf das grüne Land …

Schau auf die Gärten und Dächer hinab,
schwing mich mit Glück und Geschick,
wie es grad kommt, einmal auf, einmal ab,
hoch und dann wieder zurück.

Robert Louis Stevenson

Manchmal, wenn ich im Garten liege
und langsam ziehen die Wolken dahin,
fühle ich deutlich, wie ich fliege.
Ich glaube, dass ich ein Vogel bin.

Frantz Wittkamp

Freunde

Freunde braucht man für tausend Sachen.
Freunde braucht man, um Quatsch zu machen.
Freunde sind da, heute und morgen.
Wer einen Freund hat, der hat nur halb so viel Sorgen.
Eine Freundin geht mit auf Abenteuer.
Zusammen verjagt man die Ungeheuer
und spielt gemeinsam Drachenschwanzjagen,
dann scheint die Sonne sogar an Regentagen.

Lea Hector

Wen du brauchst

Einen zum Küssen und Augenzubinden,
einen zum Lustige-Streiche-Erfinden.
Einen zum Regenbogen-suchen-Gehn
und einen zum Fest-auf-dem-Boden-Stehn.
Einen zum Brüllen, zum Leisesein einen,
einen zum Lachen und einen zum Weinen.
Auf jeden Fall einen, der dich mag,
heute und morgen und jeden Tag.

Regina Schwarz

Wen brauchst du? Eine zum ... Einen zum ...

Schwarze Katze bei Nacht

Wenn zwei grüne
Punkte funkeln
ohne was drum rum
im Dunkeln,
ist das nur,
weil sich die Nacht
nichts aus Katzen-
augen macht.

Katzenohren,
Katzenkrallen,
Katzenbuckel
und vor allem
auch natürlich
Katzenzungen
hat sie ratze-
putz verschlungen.

Hans Baumann

Das Zebra

Eins wird das Zebra nie begreifen:
Wie kommt man übern Zebrastreifen?
Es bleibt am Straßenrande stehn
& ist dort stundenlang zu sehn –
bis sein Anblick jemand rührt
ders dann übern Fahrdamm führt.

Yaak Karsunke

Paul, das Nashorn mit der roten Mütze,

ist eigentlich ein feiner Kerl,
hat allerdings drei Nachteile: Benimmt sich
leicht unfein. Trägt 'ne rote Mütze.
Und schrumpft.

Ist's HEUT noch so groß wie ein Ferkel,
wird's MORGEN so klein sein wie 'n Hamster
und ÜBERMORGEN wie 'n Radiergummi:
wird diese Zeilen einfach ausradieren,

noch ehe ein Gedicht daraus gemacht!
DANN ist es weg, das Nashorn, während wir
an seiner roten Mütze schnüffeln werden und
uns gegenseitig gern versichern: War ein feiner Kerl, dochdoch,
der Paul.

Matthias Politycki

Schreibe einen Vers, ein Rätsel, ein Gedicht zu deinem Lieblingstier.
Es muss sich nicht reimen.

★ Rätselwitze und Quatschbilder

Was sitzt im Wald und winkt?

Ein Huhu

Was ist grün, glücklich und springt von Grashalm zu Grashalm?

Eine Freuschrecke

Was ist braun, lebt am Nil und schmeckt lecker?

Ein Schokodil

Was ist bunt, flattert durch die Luft
und hilft, wo er nur kann?

Ein Retterling

Was liegt am Strand und
redet undeutlich?

Eine Nuschel

Was liegt am Strand,
redet undeutlich und ist erkältet?

Eine Niesnuschel

Moni Port

Eine Niesmuschel gibt es nicht, aber eine Miesmuschel.
Ist die etwa mies?
Finde heraus, woher sie ihren Namen hat.

Neues vom Alphabet

Zum Hintanstehen verdammter Buchstabe,
sich Trost zusprechend

DIE LETZTEN
E
I
D
N
E
D
R
E
W
ERSTEN SEIN

Buchstabe, dem eben
ein Witz erzählt
worden ist

Ha Ha
Ha Ha
Ha Ha
Ha Ha
Ha Ha
Ha Ha
Ha Ha Ha Ha
Ha Ha Ha Ha
Ha Ha
Ha Ha
Ha Ha
Ha Ha
Ha Ha
Ha Ha

Hans Manz

Das Z gehört zum Alphabet

Das Z gehört zum Alphabet,
auch wenn es ganz am Ende steht.
Am Ende steht es auch bei Herz,
bei Holz, bei Pilz, bei Netz, bei Schmerz.
Doch manchmal, wie bei Zwerg und Zorn,
da steht das Z im Wort ganz vorn.
Im Zahnweh und im Zwiebelkuchen
muss man das Z nicht lange suchen.
Dagegen wird es kaum entdeckt,
wenn es sich gut im Wort versteckt.
So bei den fünfzehn schwarzen Katzen
und ihren dreißig schwarzen Tatzen.
Ganz stolz erzählt das Zirkuszelt,
dass es sogar zwei Z enthält.
Erstaunt fragt da der Grizzly-Bär,
ob dies denn was Besondres wär.

Paul Maar

Die Wühlmaus

Die Wühlmaus nagt von einer Wurzel
das W hinfort, bis an die -urzel.
Sie nagt dann an der hintern Stell'
auch von der -urzel noch das l.

Die Wühlmaus nagt und nagt, o weh,
auch von der -urze- noch das e.
Sie nagt die Wurzel klein und kurz,
bis aus der -urze- wird ein -urz--.

Die Wühlmaus ohne Rast und Ruh
nagt von dem -urz-- auch noch das u.
Der Rest ist schwer zu reimen jetzt,
es bleibt zurück noch ein --rz--.
Nun steht dies --rz-- im Wald allein.
Die Wühlmäuse sind so gemein.

Fred Endrikat

Lies das Gedicht laut mit einem Partnerkind.
Lest abwechselnd jeweils zwei Verse.

Nachtgeräusche in der Stadt

Auf dem Land
Herrscht immer Ruh.
In der Stadt
Lärmt's immerzu.

Autos hupen.
Busse tuten.
Leute rufen.
Laster brummen.

Feuerwehr-
Sirenen heulen.
Einer pfeift,
Taxis eilen.

Müllabfuhr
Schluckt mit Krach.
U-Bahnzug
Macht klicketiklack.

Schließ die Augen,
Spitz die Ohren
Und höre, was ein Schläfer in der Stadt
Jede Nacht zu hören hat.

Night Noises in the City (englisch)

In the country
Things are quiet.
In the city
Noise runs riot.

Car horns beep.
Buses boom.
People shout.
Trucks zoom-zoom.

Fire engine
Siren wails.
Someone whistles
Taxi hails.

Garbage truck
Churns crackety-crack.
Subway rails
Go clickety-clack.

Close your eyes
And use your ears.
And hear what
A city sleeper hears.

Jane Yolen

Welche englischen Wörter kannst du gut verstehen?
Tausche dich mit einem Partnerkind aus.

Stein, Papier, Schere auf Hebräisch*

עברית

אבן נייר ומספריים
המנצח מן השניים
אחת שתיים שלוש...

Aussprache

Ewen neiar umisparaiim
Hamnazeach min haschnaiim
Achat schtaiim schalosch

Übersetzung

Stein, Papier und Schere,
der Gewinner von zweien.
Eins, zwei, drei.

Spiel für zwei Kinder

Stein = Faust
Papier = flache Hand
Schere = mit Zeige- und Mittelfinger
Auf „Schalosch“ wird mit der Hand gezeigt: Stein, Papier oder Schere.
Der Stein besiegt die Schere, weil er die Schere schleifen kann,
die Schere besiegt das Papier,
das Papier besiegt den Stein, weil man den Stein in Papier einwickeln kann.
Dieses Spiel ist in vielen Sprachen bekannt.

Silvia Hüsler

Petra

Petra liest und schmökert* immer
nicht nur hier in ihrem Zimmer.
Sie liest auch gern auf hohen Bäumen
und in tiefen Kellerräumen,
sie liest im Bett und auf dem Klo
und in der Wanne sowieso.
Neulich las sie auf der Straße
und stieß schmerzhaft mit der Nase
und der Stirn an die Laterne
und sah plötzlich nur noch Sterne.

Doktor Specht, dieser Banause*,
verordnet eine Lesepause.
Auf dem Rezept steht: Augen zu,
Stille, Eisbeutel und Ruh!
Kaum ist der Doktor aus dem Haus,
holt Petra gleich ihr Buch heraus:
Sie ist so auf den Schluss gespannt!
Doch fällt das Buch ihr aus der Hand.
Ach, wieviel leichter wär das Leben,
würd' das Buch beim Lesen schweben!

Rotraut Susanne Berner

Wo liest du gern?
Male dich an deinem Lieblingsleseplatz.

Zungenbrecher

Fliegen, die fliegen, heißen Fliegen, weil sie fliegen,
aber Fliegen, die sitzen, heißen nicht Sitzen,
obwohl sie sitzen, sondern Fliegen, wie die Fliegen,
die fliegen.

Josef Guggenmos

Wenn die Rollen schneller rollen,
als die Rollen rollen sollen,
rollt der Rollschuh immer toller
und mit ihm die Rollschuhroller.

Paul Maar

Lispelgedicht*

Ein Student mit Stulpenstiefeln
stand auf einem spitzen Stein.
Stand und staunte stundenlang
still und stumm die Sterne an.

Unbekannter Autor

2 Märchenhaftes und Fabelhaftes

Der Adler und der Sperling

Einmal rief der Adler alle Vögel zusammen.

Er prahlte*: „Wer kann sich mit mir messen? Wer kann höher fliegen als ich?“ Dem Sperling wurde die Prahlerei zu bunt und er rief: „Ich kann! Adler, ich kann höher fliegen als du!“

Alle Vögel lachten und der Adler wunderte sich: „Du kleiner Sperling willst mich herausfordern?“ „Ja, ich!“, antwortete der Sperling. Der Sperling hüpfte unbemerkt auf den Rücken des Adlers und der Adler flog weit, weit nach oben.

Nach einer Weile fragte der Adler: „Sperling, wo bist du?“ „Über dir!“, rief der und hüpfte vom Rücken herunter. Der Adler staunte, wurde wütend und breitete seine Schwingen aus, um noch höher zu steigen, ihm ging aber die Kraft aus und er stürzte wie ein Stein in die Tiefe.

Der Sperling, der noch alle Kraft hatte, flog nun ausgelassen herunter und jubilierte* vor Freude.

Indonesische Fabel

Überlege zusammen mit einem Partnerkind, was man aus der Fabel lernen kann. Schreibt die Moral* auf einen Zettel.

Der Löwe und der Bär

Es war einmal ein kleiner Fuchs, der hungrig durch den Wald streifte. Und wie er nach einer Beute Ausschau hielt, hörte er plötzlich einen lauten Streit. Er schlich sich an und sah einen riesigen Bären, der nach einem starken Löwen schlug und wütend fauchte: „Ich war der Erste hier. Das Hirschkalb gehört mir.“ „Nein“, brüllte der Löwe, „du lügst! Ich habe die Beute gefangen und deshalb gehört sie mir.“ Zornig schnappte er nach dem Bären. Während der Löwe und der Bär miteinander stritten und kämpften, bekam der Fuchs immer mehr Hunger und Appetit auf das Fleisch. Aber er war klug und dachte: „Wenn der Löwe und der Bär noch länger streiten, dann sind sie bald erschöpft und können mir nichts mehr anhaben.“ Also wartete er geduldig, bis der Bär und der Löwe nach langem Kampf kraftlos zusammenbrachen und sich nicht mehr bewegten. Nun kam der Fuchs aus seinem Versteck und holte sich die Beute. Höflich sagte er zu den müden Streithähnen: „Danke, meine Herren, sehr freundlich, wirklich sehr freundlich!“ Und lachend zog er mit der Beute ab.

Äsop

Nur ein Märchen?

Was besprechen nach dem Fest die Feen?
Und wer verzaubert schließlich wen?
Welches ist das beste Versteck?
Hör zu und rühr dich nicht vom Fleck.

Von ganz verschiedenen Wesen
kann man im Märchenbuche lesen.
Die einen sind gut, andere bös.
Bauer lebt arm, König pompös*.

Es war einmal … man ist sofort
an einem weit entfernten Ort,
hat Stiefeltern oder kocht mit Zwergen,
in Wäldern, Türmen, auch auf Bergen.

Besteht der Held das Abenteuer?
Holt er die Feder aus dem Feuer?
Ihm hilft das Glück, die Fee, sein Mut.
Letztendlich wird dann alles gut.

Am Ende feiern die Guten ein Fest,
an den Fiesen klebt für immer die Pest*.
Die Braut wird vom Prinzen geworben,
sind glücklich und bis heut nicht gestorben.

Eva Bade

Fabelhaft

Ein Fuchs schmeichelt* einem Raben?
Das Stückchen Käse möcht er haben.
Der Löwe zeigt sich spendabel*?
Na, du liest wohl eine Fabel!

Fabeln erzählen von Stolz, Neid und Gier,
statt des Menschen handelt ein Tier:
ein sturer Kater, der Löwe mächtig,
treuer Hund, das Mäuschen schmächtig.

Große sind listig und selten gerecht,
oft geht's dem Kleinen furchtbar schlecht.
Doch manchmal wendet sich das Blatt
und der Große ist am Ende platt.

Von den Tieren sollst du lernen:
Bleib zu Haus! Greif nicht nach Sternen!
Denn eins fehlt allen Fabeln nicht:
Und zwar die Moral von der Geschicht!

Eva Bade

Was bedeutet das:
„Greif nicht nach den Sternen!"?
Sprich darüber mit
einem Partnerkind.

Der gestiefelte Kater

Ein Müller starb und hinterließ dem jüngsten Sohn nichts als seinen Kater. Da sprach der junge Mann verärgert: „Ein Kater! Was soll ich mit dem anfangen? Ich werde mir Handschuhe aus seinem Fell machen lassen.“ Der Kater hatte aber alles verstanden und antwortete: „Töte mich nicht! Lass mir Stiefel anfertigen, so will ich dir zu deinem Glück verhelfen.“ Der Müllerssohn tat wie ihm geheißen und wenig später ging der Kater aufrecht wie ein Mensch in seinen Stiefeln zur Tür hinaus.

Damals regierte ein mächtiger König. Er aß nichts lieber als gebratene Rebhühner, doch kaum ein Jäger konnte die scheuen Tiere erlegen. Da machte sich der Kater mit einem Rucksack und Körnern auf in den Wald, wo es ihm gelang, die Rebhühner in seinem Rucksack zu fangen.

Danach ging er zum König und sprach: „Mein König, diese Rebhühner lässt euch mein Herr, der Graf, überbringen. Er verehrt euch sehr!“ Der König war überaus erfreut über das wertvolle Geschenk und bedankte sich mit Gold aus seiner Schatzkammer. Der Kater überreichte wenig später das Gold dem Müllerssohn und sprach: „Du kannst noch reicher werden, wenn du tust, was ich dir sage. Komm mit mir zum See und bade darin!“ Der Müllerssohn folgte dem Kater, zog sich aus und badete im See, während der Kater seine Kleidung beiseiteschaffte. Wenig später kamen der König und seine Tochter mit ihrem Gefolge in einer Kutsche vorbeigefahren. Da begann der Kater ein lautes Geschrei: „Herr König! Mein Herr, der Graf, wurde bestohlen! Er hat keine Kleider mehr. Bitte helft!“ Da wurden prächtige Kleider herbeigeschafft und der Müllerssohn konnte sich wieder anziehen und in der Kutsche Platz nehmen.

Der Kater war inzwischen vorausgeeilt, um mit den Arbeitern auf den Feldern zu sprechen. Wenn sie gefragt würden, wem das Land gehöre, sollten sie immer sagen: „Dem Herrn Grafen!“ In Wirklichkeit gehörte das Land jedoch einem mächtigen Zauberer, der sich in jedes Tier verwandeln konnte. Der Kater machte sich auf den Weg zu dessen Schloss, um ihn zu überlisten.
„Was willst du hier?“, donnerte die Stimme des Zauberers, als der Kater sein prächtiges Schloss betrat. „Ich habe gehört, dass du dich in jedes Tier verwandeln kannst“, sagte der Kater, „aber ich kann das nicht glauben!“ „Was?“, brüllte der Zauberer. „Sieh nur!“ Und schon stand er als Elefant vor dem Kater. „Schön und gut“, sagte der Kater, „aber kannst du auch ein Löwe werden?“ „Nichts leichter als das“, antwortete der Zauberer und verwandelte sich in einen Löwen. „Unglaublich“, gab der Kater zu, „doch ist es dir auch möglich, dich in ein kleines Tier zu verwandeln – sagen wir: eine Maus?“ „Ja, mein Kätzchen, auch eine Maus kann ich sein“, sagte der Zauberer und verwandelte sich. Da machte der Kater einen Satz, fing die Maus und fraß sie. Die Kutsche des Königs war aber in der Zwischenzeit durch die Lande gefahren und dem König war bestätigt worden, dass die Felder, Wiesen und Wälder dem Herrn Grafen gehörten. „Wahrlich, ein reicher Mann, dieser Graf“, dachte der König. Als sie am Schloss des Zauberers ankamen, wurden sie dort vom Kater begrüßt. Geblendet von all dem Reichtum versprach der König dem Grafen seine Tochter zur Frau und schon bald wurde Hochzeit gefeiert. Aus dem armen Müllerssohn wurde so ein König und der gestiefelte Kater wurde sein erster Minister.

nach den Brüdern Grimm

Hättest du auch gern solch einen schlauen Kater?
Was könnte er für dich tun?

Schneewittchen

Ein Mädel, das Schneewittchen war,
das hat von Mai bis Januar
für sieben Tröpfe*
gescheuert Töpfe,
gerieben Zwiebeln,
gelesen Bibeln,
gekocht die Schwarten,
gepflegt den Garten,
gewickelt Kinder,
gemolken Rinder,
geschrubbt die Schränke,
geholt Getränke.
Dann hat's (die Zwerge warn empört)
gestreikt (mit Arbeit aufgehört),
weil es gemerkt hat: Solche Sachen
sind leicht von Zwergen selbst zu machen.
Die Zwerge wollten sie draufhin
mit Hilf' der bösen Königin
durch Gift ums Leben bringen –
das sollte nicht gelingen:
Der junge Prinz nahm sie ins Haus
und sagte „Hier kennst dich aus.
Wasch Wäsche und koch Suppen
und spiele lieb mit Puppen!"
Sie sprach: „Das ist mir über.
Ich gehe jetzt, mein Lieber.
Vor Prinzen und vor Zwergen
will ich mich nun verbergen.
Es gibt auch bessre Leute!"
Vielleicht gibt es die heute?

Michael Kumpe

Altneues Märchen

Es war einmal eine Prinzessin …
Halt!, rief die,
hört auf mit den alten Sachen,
womöglich mit einem Drachen,
der Königstöchter verspeist,
sowie drei Prinzen,
die, von weither angereist,
mit ihm fochten,
wobei ihn zwei
nicht zu töten vermochten.
Wenn das Ungetüm
denn schon besiegt sein muss,
kann ich das selber machen.

Hans Manz

Neues vom Rumpelstilzchen

Dem Rumpelstilzchen geht's nicht gut,
ihm ist so zweierlei zumut.
Jähzornig* ist es von Natur,
von Selbstbeherrschung keine Spur.

Noch gestern war es quicklebendig,
doch heut hat es sich eigenhändig
der Länge nach entzweigerissen,
drum geht es ihm gar so bescheiden.

Da liegt es nun im Krankenhaus
und sieht nicht sehr erfreulich aus.
Die Schwestern sind dort wirklich nett
und geben ihm ein Doppelbett.

Aus dieser leidigen Affäre*
zieht es nun hoffentlich die Lehre,
sich zweimal erst zu überlegen,
ob es sich lohnt sich aufzuregen.

Richard Bletschacher

Suche Märchen in Büchern, in der Bücherei, im Internet. Frage deine Eltern, Großeltern, Geschwister nach ihren Lieblingsmärchen.

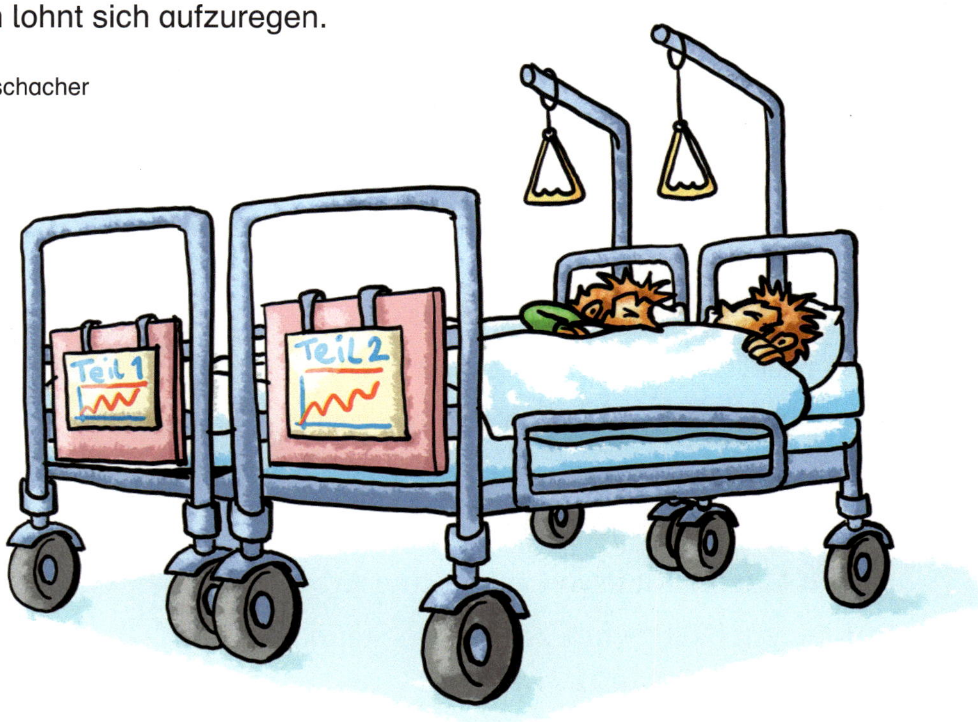

Der Fischfang – Ein Märchen aus Südostasien

Eines Tages ging Kantschil* zum Fluss, um Fische zu fangen. Am Weg dorthin begegnete er einem Wildschwein, das mit ihm kommen wollte. „Du hast eine riesige Schnauze“, meinte Kantschil. „Geh nicht mit, du machst die Fische scheu!“ Wütend antwortete das Schwein: „Wenn du so mit mir sprichst, werde ich dich mit meinen Hauern* bearbeiten!“ Da ließ Kantschil das Schwein mitkommen.

Kurz darauf begegneten sie einem Tiger. Auch er wollte sich anschließen. „Geh nicht mit!“, bat Kantschil. „Dein schreckliches Maul macht den Fischen Angst.“ Der Tiger antwortete empört: „Ich nehme dich gleich in mein Maul …“ Eingeschüchtert meinte Kantschil: „Gut, dann kommst du eben mit. Aber du musst tun, was ich dir sage!“

Bald begegneten sie einem Elefanten. Auch er wollte mit. „Nein, du bist so groß und nimmst allen anderen Platz weg“, sagte Kantschil. Der Elefant schrie: „Pass auf, was du sagst! Ich bin viel stärker als du!“ Wieder gab Kantschil nach. Am Fluss teilte Kantschil jedem eine Arbeit zu. Der Elefant baute einen gewaltigen Staudamm.

Der Tiger und das Wildschwein schöpften das Wasser aus. Kantschil überwachte die Arbeiten. Bald hatten sie das Becken leergefischt. Also zogen Kantschil, Tiger und Elefant flussabwärts. Das Schwein blieb bei den gefangenen Fischen und hielt Wache. Da tauchte plötzlich ein Riese auf und verschlang alle Fische. Das Schwein lief schnell zu den anderen – doch die Fische waren weg. So mussten sie noch einmal von vorne beginnen. Diesmal hielt der Tiger Wache. Auch er wurde vom Riesen überfallen. Sogar beim Elefanten gelang es dem Riesen, die Fische zu stehlen.

Da beschloss Kantschil, selbst Wache zu halten und schickte die anderen flussabwärts. Kantschil suchte besonders dicke Gräser und band sie sich um den Bauch. Als der Riese kam und die Gräser sah, wollte er wissen: „Was machst du da?“ Kantschil antwortete: „Hast du nicht gehört? Es kommt eine gewaltige Überschwemmung. Das Wasser wird alle mit sich reißen! Deshalb binde ich mich an.“ Der Riese machte es ihm gleich nach. Er band sich so fest an einen Baum, dass er selbst nicht mehr loskam. So konnten sich Kantschil, Schwein, Tiger und Elefant die gefangenen Fische in aller Ruhe teilen und mit ihrer Beute nach Hause gehen.

Elisabeth Nitz

Schreibe Stichwörter zu dem Märchen auf und erzähle es einem Partnerkind.

Das Nilpferd und das Nashorn

Mitten im Wald trafen sich das Nilpferd und das Nashorn. Es war ein schmaler Pfad, auf dem sie gingen, und sie kamen nicht aneinander vorbei.

„Ich gehe nicht zur Seite“, sagte das Nilpferd.

„Ich auch nicht“, sagte das Nashorn.

Sie schauten sich an.

„Was nun?“, fragte das Nilpferd.

„Ja, was nun?“, sagte das Nashorn.

Es war mitten am Tag. Die Sonne schien durch die Blätter der Bäume und in der Ferne rauschte der Fluss.

„Setzen wir uns ein bisschen“, sagte das Nilpferd.

„Das ist mir recht“, sagte das Nashorn.

Sie setzten sich auf den Pfad und dachten nach.

„Ich gehe jedenfalls nicht zur Seite“, sagte das Nilpferd nur zur Sicherheit. „Das brauchst du dir gar nicht einzubilden.“

„Ich auch nicht“, sagte das Nashorn. „Das brauchst du dir auch nicht einzubilden.“

„Wir könnten böse werden“, sagte das Nilpferd nach einer langen Stille. „Böse werden und uns aufeinanderstürzen.“

„Ja, das könnten wir“, sagte das Nashorn.

„Einer von uns muss zur Seite gehen. Anders geht es nicht.“

„Ja.“

„Aber ich bin das jedenfalls nicht“, sagte das Nilpferd.

Es stand auf und versuchte, möglichst gefährlich auszusehen.

„Meinst du etwa, ich?“, sagte das Nashorn drohend und stand ebenfalls auf.

„Nein“, sagte das Nilpferd seufzend und setzte sich wieder.

Lange Zeit war es still.

„Hast du vielleicht Lust auf ein bisschen süßes Gras?“, fragte das Nilpferd dann.

„Ja, und ob“, sagte das Nashorn.
Das Nilpferd hatte einen Topf
mit gezuckertem Gras dabei.
Den aßen sie zusammen leer.
Danach erzählten sie sich, wohin
sie unterwegs waren.
„Aber wir gehen nicht voreinander zur Seite“, sagte das Nilpferd.
„Oh nein“, sagte das Nashorn. „Das tun wir nicht.“
Sie schlugen sich gegenseitig fröhlich auf die Schultern
und machten auf dem schmalen Pfad mitten im Wald sogar
ein paar Tanzschritte. Aber ohne sich umeinander zu drehen.
Da passten sie gut auf.
„Wir tanzen schön“, sagte das Nilpferd.
„Toll“, sagte das Nashorn.
„Ja, ganz toll“, sagte das Nilpferd.
Als es anfing zu dämmern,
beschlossen sie, nach Hause zu gehen.

„Auf Wiedersehen, Nilpferd“, sagte das Nashorn.
„Auf Wiedersehen, Nashorn“, sagte das Nilpferd.
Sie drehten sich um.
„Aber wenn ich dich wiedertreffe, gehe ich
wieder nicht zur Seite“, sagte das Nilpferd noch.
„Ich auch nicht“, rief das Nashorn. „Das verspreche ich dir.“
Dann gingen sie jeder in eine andere Richtung nach Hause.
Sie versuchten zu pfeifen und machten ab und zu,
ganz allein, einige der Tanzschritte, die sie zusammen
mitten auf dem Pfad gemacht hatten.

Toon Tellegen

Sind Nashorn und Nilpferd Freunde geworden? Schreibe auf, wie es beim nächsten Treffen mit den beiden weitergehen könnte.

Der Abenteurer

Es war einmal ein Abenteurer, der keine Abenteuer fand. Eines Tages kam er zum Schuhmacher und fragte ihn zum soundsovielten Mal: „Weißt du vielleicht ein Abenteuer?“ „Ja“, antwortete der Schuhmacher. „Ich habe über deine Frage nachgedacht, ich weiß eins.“ „Da bin ich aber erstaunt“, sagte der Abenteurer. „Du bist der Erste, der ein Abenteuer weiß.“ „Schau“, sagte der Schuhmacher, „wir wohnen in den Bergen, da gibt es keine Abenteuer. Weißt du, was ich für ein richtiges Abenteuer halte?“ „Da bin ich aber gespannt“, sagte der Abenteurer. „Ich werde es dir sagen“, fuhr der Schuhmacher fort. „Schwimmen im Meer, das ist ein richtiges Abenteuer. Ich weiß nicht, wie das Meer aussieht, denn ich lebe in den Bergen, und das Meer ist weit, weit weg, aber wenn ich ein Abenteurer wäre, würde ich hingehen und im Meer schwimmen. Leider bin ich nur ein einfacher Schuster, deshalb bleibe ich hier.“ „Gut, dass ich mit dir gesprochen habe“, sagte der Abenteurer. „Ich mache mich sofort auf die Suche nach dem Meer, und dann schwimme ich darin.“ „Vergiss aber nicht, mir nachher zu erzählen, wie es dir ergangen ist“, sagte der Schuhmacher. Der Abenteurer machte sich auf den Weg. Er zog durch Städte, in denen der Hunger und ansteckende Krankheiten wüteten, er kämpfte mit Räubern, die die Wege unsicher machten, er kam durch Gegenden, wo ganze Völker in Schlachten verwickelt waren, doch nach einem Jahr Suchen fand er das Meer, in dem er schwimmen wollte. Er ließ seine Stiefel und seinen Hut am Strand und sprang ins Meer. Er wollte gerade die Arme ausstrecken und anfangen zu schwimmen, als ein großer Walfisch kam und ihn verschluckte.

Da saß er nun, unser Abenteurer, gefangen im Bauch des großen Walfischs. So habe ich es mir eigentlich nicht vorgestellt, dachte er. Aber ich will nicht meckern. In diesem Bauch ist genug Platz, also mache ich es mir erst mal bequem. Er legte sich im Bauch des Walfischs auf den Rücken und wartete ab. Einen Tag später kam eine große Welle hereingeschwappt, an der der Walfisch sich fast verschluckte. Er spuckte die Welle wieder aus, und mit der Welle wurde auch der Abenteurer an den Strand gespült. Er zog seine Stiefel an, setzte seinen Hut auf und begab sich wieder auf den Weg in die Berge. Er zog durch Städte, in denen der Hunger und ansteckende Krankheiten wüteten, er kämpfte mit Räubern, die die Wege unsicher machten, er kam durch Gegenden, wo ganze Völker in Schlachten verwickelt waren, doch nach einem Jahr Suchen fand er die Berge, in denen er wohnte. Die Leute fragten: „Wie war es im Meer?" Doch der Abenteurer antwortete: „Erst muss ich zum Schuhmacher, das habe ich ihm versprochen." „Und?", fragte der Schuhmacher. „War das Schwimmen im Meer ein Abenteuer oder nicht?" „Nein", antwortete der Abenteurer, „es war kein Abenteuer. Ich wollte gerade schwimmen, als ein Walfisch kam und mich verschluckte. Ich war einen Tag in seinem großen Bauch, dann hat er mich wieder an Land geworfen. Also habe ich immer noch kein Abenteuer erlebt." „Was für ein Pech", sagte der Schuhmacher. „Hoffentlich klappt es beim nächsten Mal besser."

Armando

Was wäre für dich ein Abenteuer?
Erzähle es einem Partnerkind.

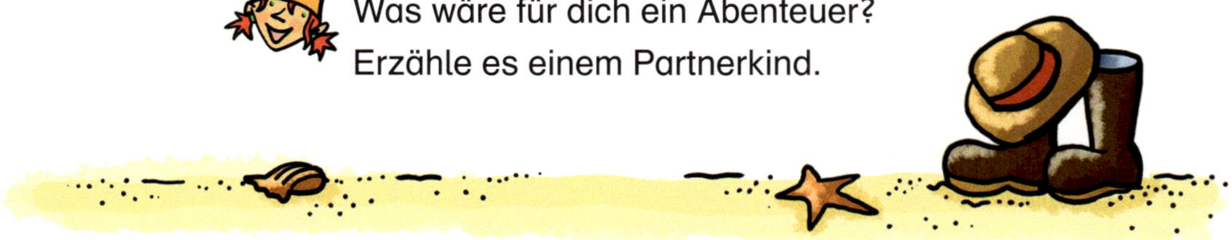

Flöhchen und Läuschen

Es waren einmal eine Laus und ein Floh, die wohnten zusammen in einer Stube*. Einmal in der Morgenfrühe hatte die Laus ihren Strumpf verloren und fing sofort an zu weinen. „Was weinst du?“, fragte der Floh. „Da soll ich nicht weinen, ich habe meinen Strumpf verloren, Himmelhöllewelcheinjammer“, heulte die Laus.

Da fing auch der Floh an zu weinen. Das hörte die Tür und fragte: „Was weinst du, Flöhchen?“ „Da soll ich nicht weinen?“, sagte der Floh. „Das Läuschen hat einen Strumpf verloren und weint auch, Himmelhöllewelcheinjammer.“

Da fing die Tür auch an zu weinen. Das hörte der Besen und fragte: „Was weinst du, Tür?“ „Da soll ich nicht weinen? Das Läuschen hat sich die Pfote verbrannt und weint auch. Und das Flöhchen weint auch. Himmelhöllewelcheinjammer!“ Da fing auch der Besen an zu weinen. Das hörte der kleine Handwagen und fragte: „Was weinst du, Besen?“ „Da soll ich nicht weinen? Das Läuschen hat sich die Pfote verbrannt und weint auch.

Und das Flöhchen weint auch.
Und die Türe weint auch.
Und der Besen weint auch.
Himmelhöllewelcheinjammer."

Da fing der kleine Handwagen auch an zu weinen.
Das hörte der Apfelbaum und fragte:
„Was weinst du, kleiner Handwagen?"
„Da soll ich nicht weinen? Das Läuschen
hat sich die Pfote verbrannt und weint.
Das Flöhchen weint auch.
Und die Türe weint auch.
Der Besen weint aber auch.
Und der kleine Handwagen weint auch.
Jetzt wein ich auch.
Himmelhöllewelcheinjammer."

Da fing der Apfelbaum auch an zu weinen.
Das hörte der kleine Wurm auf dem Baum und fragte:
„Was weinst du, Apfelbaum?"
„Da soll ich nicht weinen? Das Läuschen
hat sich die Pfote verbrannt und weint.
Und das Flöhchen weint auch.
Und die Türe weint auch.
Und der Besen weint auch.
Und der kleine Handwagen weint auch.
Und ich weine auch.
Himmelhöllewelcheinjammer."
Da fing der kleine Wurm auch an zu weinen.
Das hörte das kleine Mädchen und fragte:
„Was weinst du, kleiner Wurm?"
„Da soll ich nicht weinen? Das Läuschen
hat sich die Pfote verbrannt und weint.

Das Flöhchen weint auch.
Und die Türe weint auch.
Und der Besen weint auch.
Und der kleine Handwagen weint auch.
Und der Apfelbaum weint auch.
Und ich weine auch.
Himmelhöllewelcheinjammer.“

Da fing das kleine Mädchen auch an zu weinen.
Da fragte die Wolke: „Was weinst du?“
„Da soll ich nicht weinen? Das Läuschen
hat sich die Pfote verbrannt und weint.
Das Flöhchen weint auch.
Die Türe weint auch.
Der Besen weint auch.
Der kleine Handwagen weint auch.
Der Apfelbaum weint auch.
Der kleine Wurm weint auch.
Jetzt wein ich auch.
Himmelhöllewelcheinjammer.“

Und weil alle weinten, fingen auch die Wolken an zu weinen,
und es regnete und regnete, bis die ganze Welt versoff.
Himmelhöllewelcheinjammer.
Und das alles nur, weil die Laus einen Strumpf verloren hat.

Janosch

Male in der richtigen Reihenfolge alles auf, was anfängt zu weinen.

Ein schlauer Bauer

Der Bauer Konrad hatte in diesem Herbst seinen Garten noch nicht umgegraben. Schuld daran war sein Rücken, der ihm schon seit einigen Wochen wehtat. Er überlegte hin und her, wen er wohl um Hilfe bitten könnte.

Da tauchte eines Abends beim Gastwirt der Räuber Fridolin auf. Verkleidet mischte er sich unter die Gäste, um zu horchen, wo es etwas zu stehlen gäbe. Die Leute erkannten ihn jedoch und jammerten deshalb lautstark über ihre Armut. Nur der Bauer Konrad prahlte, in seinem Garten läge ein Schatz vergraben. Er wisse nur nicht, an welcher Stelle. Aber morgen werde er danach graben.

Bald darauf gingen alle nach Hause. Der Bauer holte seinen Spaten aus dem Schuppen und steckte ihn gut sichtbar in die Erde. Danach legte er sich zufrieden schlafen.

Am nächsten Morgen ging Bauer Konrad gleich hinaus. Als er sah, dass sein ganzer Garten umgegraben war, schmunzelte er. Den Spaten fand er ein Stückchen abseits – jemand hatte ihn weggeschleudert. An diesem Abend erzählte der Bauer beim Gastwirt, er habe doch keinen Schatz in seinem Garten gefunden. Räuber Fridolin aber war aus der Gegend verschwunden – er lag in seiner Räuberhöhle und hatte fürchterliche Rückenschmerzen.

Sylke Scheufler

Der Frosch und die Zahnpasta

Es war einmal ein Frosch,
der hatte immer schmutzige Zähne.
Sie waren nicht nur schmutzig,
sie waren richtig schwarz.
Das kam davon, dass er so viele Fliegen fraß,
und Fliegen sind nun einmal schwarz.
Aber weil er in der Nähe eines Kohlebergwerkes
wohnte, waren die Fliegen mehr als schwarz,
sie waren kohlrabenschwarz.

Dazu kam, dass der Frosch rasend gern
schwarze Schokolade aß. Am liebsten
legte er zwei Reihen Schokolade aufeinander,
mit ein paar zerquetschten Fliegen dazwischen.
Das nannte er sein Fliegenbrot.

Eines Tages aber bekam der Frosch
fürchterliches Zahnweh, und er musste
wohl oder übel zum Zahnarzt.
Dieser schaute ihm in den Mund und fragte
ihn dann, ob er schwarze Fliegen fresse.
Der Frosch nickte stumm.
„Und essen Sie etwa auch schwarze Schokolade?“,
fragte der Zahnarzt weiter.
„Ja-ah“, quakte der Frosch und
schämte sich ein bisschen.

Der Zahnarzt gab ihm eine weiße Zahnpasta mit roten Streifen. „Putzen Sie sich die Zähne nach jedem Essen damit, und hören Sie sofort auf mit den Fliegen und der Schokolade“, ermahnte er ihn.

Der Frosch war froh, dass der Zahnarzt nicht gebohrt hatte, hüpfte nach Hause in seinen Kohlebergwerkteich und probierte sofort die neue Zahnpasta aus. Die schmeckte ihm so gut, dass er von jetzt an immer eine halbe Tube davon auf sein Fliegenbrot schmierte, bevor er es aufaß.

Das nützte natürlich gar nichts, und so fielen dem Frosch nach und nach alle Zähne aus.

Was meinst du? Frösche haben gar keine Zähne? Eben, jetzt nicht mehr.

Franz Hohler

Das Gespräch zwischen Frosch und Zahnarzt könnt ihr nachspielen. Bringt auch eure eigenen Ideen ein.

3 Wissenswertes und Erstaunliches

Was kannst du tun, wenn du Angst hast?

Es gibt verschiedene Möglichkeiten,
mit Ängsten fertig zu werden.

1. Vor manchen Dingen
hat man keine Angst mehr,
wenn man Hilfe hat
oder nicht allein ist.

2. Manchmal hilft es auch, mit
einem Freund oder mit deinen Eltern
über Angst zu reden. Vielleicht wissen sie
eine Lösung. Viele Ängste werden aber auch
schon deshalb kleiner, weil man darüber redet.

3. Manchmal kann man seine Angst
auch in kleinen Schritten überlisten.

4. Angst kann man sich abtrainieren. Je öfter du etwas tust, vor dem du eigentlich Angst hast, desto leichter wird es beim nächsten Mal. Bestimmt.

5. Manche Ängste wachsen sich übrigens aus, ganz von alleine: Wovor du heute ganz schreckliche Angst hast, darüber lachst du bei deinem nächsten Geburtstag vielleicht schon.

6. Es wird aber immer Ängste geben, gegen die du nicht so leicht ankommst. Das ist bei jedem Menschen so, auch bei den ganz coolen und starken. Eigentlich ganz beruhigend, oder?

Kirsten Boie

Was hilft dir, wenn du Angst hast? Sprich mit einem Partnerkind darüber.

Wenn die Welt ein Dorf wäre

Willkommen im Weltdorf

Die Erde ist schon jetzt voller Menschen, und es werden jeden Augenblick mehr. Im Jahr 2014 lebten 7 Milliarden und 200 Millionen Menschen auf der Erde – das sind 7.200.000.000.

Riesige Zahlen wie diese sind schwer zu verstehen, aber angenommen, wir würden uns die ganze Weltbevölkerung als Dorf mit nur 100 Bewohnern vorstellen? In diesem Dorf würde jede Person ungefähr 72 Millionen (72.000.000) Menschen aus der tatsächlichen Welt repräsentieren*.

Indem wir über die Dorfbewohner lernen – wer sie sind und wie sie leben –, können wir mehr über unsere Nachbarn in der tatsächlichen Welt herausfinden.

Sprachen

„Ni hao ma?“ „Hello!“ „Namaste!“ „Zdravstvuijte.“ „¡Hola!“ „Ahlan.“ „Namashkar.“
Die Dorfbewohner begrüßen sich in einer Vielzahl von Sprachen.

In unserem Dorf gibt es fast 6.000 verschiedene Sprachen, aber mehr als die Hälfte der Bevölkerung spricht eine der folgenden acht:

21 sprechen einen chinesischen Dialekt – von diesen sprechen 17 Mandarin.
9 sprechen Hindi.
9 sprechen Englisch.
8 sprechen Spanisch.
5 sprechen Arabisch.
4 sprechen Bengalisch.
3 sprechen Portugiesisch.
3 sprechen Russisch.

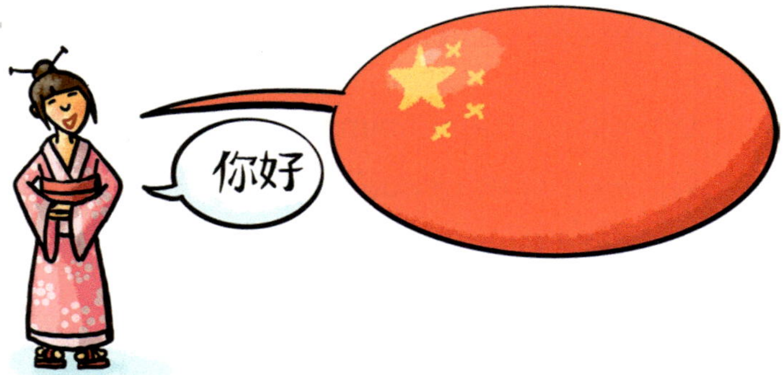

Könntest du in diesen acht Sprachen „hallo“ sagen, dann könntest du mehr als die Hälfte der Menschen in unserem Dorf begrüßen.

Unterricht und Bildung

Es gibt 36 Dorfbewohner im Schulalter (zwischen 5 und 24 Jahren), aber nur 30 von ihnen besuchen eine Schule. Die sechs anderen Kinder, die in der Schule sein sollten, müssen arbeiten. Drei von ihnen arbeiten für die eigene Familie: im Haus, auf dem Bauernhof oder in einem kleinen Betrieb. Die übrigen drei Kinder sind Kinderarbeiter. Sie arbeiten auf Feldern oder in Minen*, als Straßenverkäufer oder sogar als Kindersoldaten.

Nicht jeder im Dorf ist zur Schule gegangen, daher kann nicht jeder lesen und schreiben. Von den Menschen, die alt genug dafür wären, können 14 gar nicht lesen. Es gibt mehr Männer als Frauen, die im Lesen unterrichtet werden.

David J. Smith

Welche Sprachen sprechen die Kinder in deiner Klasse? Gestalte ein Begrüßungsplakat mit den verschiedenen Sprachen.

Eine Welt ohne Zahlen?

Was würde wohl passieren, wenn es auf der Welt keine Zahlen gäbe? Gut, ihr müsstet nicht rechnen können und manche von euch fänden das vielleicht sogar ziemlich gut.

„Um wie viel Uhr kommst du heute Nachmittag?"
„Wie weit ist es genau bis zum Schwimmbad?"
„Wie viele Gummibärchen hast du?"
„Wie schwer ist deine Schultasche?"

Diese Fragen könntet ihr alle nicht beantworten. Wir haben uns angewöhnt, Zeit, Entfernung, Anzahl oder Gewicht in Zahlen auszudrücken. Und wenn ihr mal darauf achtet, braucht ihr sie öfter, als ihr denkt. Schon wenn ihr mit anderen ein Würfelspiel spielt! Ihr könntet ohne Zahlen gar nicht sagen, wer eigentlich gewonnen hat. Und wisst ihr überhaupt, wie alt ihr seid? Oder wie groß?

Zwei Hände voller Zahlen

Zahlen, Zählen und Rechnen gibt es schon, solange es Menschen gibt. Von Anfang an haben die Menschen ihre Finger zum Zählen benutzt. Und weil es fünf Finger an jeder Hand und insgesamt zehn Finger sind, wurden diese Zahlen sehr wichtig. Um sie aufzuschreiben, haben die Menschen vor 30 000 Jahren Kerben in Knochen geritzt: für jedes gezählte Ding eine. Heute werden die Zahlen manchmal auch noch so angeordnet. Aber das sieht dann so aus: Man muss bei einem Spiel nur noch alle Fünferpäckchen und die restlichen Striche zusammenzählen und weiß, wie viele Punkte man hat.

Zahlen und Ziffern

Irgendwann reichten fünf oder zehn Finger nicht mehr zum Zählen aus. Die Menschen begannen Handel zu treiben und das Zählen der Waren musste schneller gehen. Für 100 Tonkrüge voller Getreidekörner 100 Kerben zu ritzen war zu mühsam, also wurden die Ziffern erfunden. Das sind Zahlenzeichen, mit denen man auf einen Blick eine Zahl erkennen kann. So wie bei unseren Ziffern.

Christa Holtei

Zahlenrätsel

Die dritten Klassen der Erich-Kästner-Schule veranstalten einen Sponsorenlauf*, um Geld für ihre Schulbibliothek zu sammeln. 55 Schülerinnen und Schüler nehmen an dem Wettlauf teil. Jedes Kind erhält eine Startnummer.

Überleg mal: Wie viele Kinder haben mindestens eine 5 auf ihrem Trikot?

Elf Kinder: 5, 15, 25, 35, 45, 50, 51, 52, 53, 54, 55

Überlege dir mit einem Partnerkind selbst ein Zahlenrätsel.

Der Maler Max Liebermann

geboren
20. Juli 1847
in Berlin
gestorben
8. Februar 1935
in Berlin

Max kam aus einer reichen Familie und hatte fünf Geschwister. Seine Familie lebte mitten in Berlin, ganz nah am Brandenburger Tor.

Max Liebermann mochte die Schule gar nicht, er zeichnete lieber. Und als er Chemie studieren sollte, schwänzte er und malte lieber. Da wussten seine Eltern, dass er wohl Maler werden würde.

Also ging Max auf eine Kunstakademie. Und weil Reisen bildet, fuhr er nach Italien, Frankreich und Holland, um die dortige Malerei zu studieren. Damals musste man noch dorthin fahren, wo die Gemälde hingen, um sie zu sehen, denn die Farbfotografie war noch nicht erfunden.

Die Stadt, die ihn am meisten interessierte, war Paris. Also mietete er sich dort ein Atelier* und malte. Natürlich bekam er mit, dass die Impressionisten* gerade dabei waren, die Kunst zu verändern. Das gefiel Max Liebermann: Hier malten die jungen Künstler draußen in den Cafés viel hellere und fröhlichere Bilder, als er es von der dunklen und ernsthaften Ateliermalerei in Deutschland kannte.

Nach und nach übernahm er die impressionistische Malweise für seine Bilder. Den Sommer verbrachte er immer in Holland am Meer. Da konnte er seinen neuen Malstil prima ausprobieren.

Max Liebermann:
Der Papageienmann (1902)
Museum Folkwang, Essen

Das Bild entstand im Zoo von Amsterdam. Da gab es einen Weg, wo statt Laternen Papageien in ihren Schaukeln auf Masten saßen. Das sah bestimmt schön bunt aus. Abends brachte der Wärter die Papageien in ihre Käfige.

Florian Heine

Sprich mit einem Partnerkind darüber,
was euch an dem Bild gefällt und was nicht.

Das Brandenburger Tor

Ein ganz besonderes Tor

Besonders groß ist es nicht. Du wirst in Berlin viel größere Bauwerke finden. Was ist also das Besondere daran?

Schau mal genau hin! Ein einfaches Tor sieht anders aus. Dieses hat immerhin fünf Durchfahrten. Das Tollste aber ist sein Kopfschmuck. Wo gibt es das sonst? Vier grüne, übermütige Pferde stürmen hoch über das Tor hinweg. Sie ziehen einen Reiterwagen, eine junge Frau hält die Zügel. Scheinbar fällt es ihr schwer, die wilden Pferde zu bändigen. Aber sie schafft es – schließlich ist sie auch nicht irgendwer, sondern die mächtige Friedensgöttin Eirene.

Jedes der Pferde ist beinahe vier Meter hoch und wiegt viele Zentner, denn es besteht aus Kupfer* und Eisen. Ein Wagen wie dieser, der von vier Pferden gezogen wird, heißt in der Sprache der alten Römer „Quadriga".

Wahrzeichen Berlins

Das Brandenburger Tor ist für Menschen auf der ganzen Welt ein Erkennungszeichen. Sie sehen das Tor und denken im gleichen Augenblick: Berlin!

Ein Tor mit Geschichte

Das Tor hat ganz verschiedene Zeiten erlebt. Dabei stand es oft im Mittelpunkt der Ereignisse.

1800 Das Brandenburger Tor war damals noch ein echtes Stadttor. Polizei- und Zollwachen kontrollierten, wer in die Stadt hereinkam und wer sie verließ. Nur Wagen des Königs durften die breite Durchfahrt in der Mitte benutzen. Andere Wagen und Reiter mussten die vier schmaleren Durchfahrten nehmen.

1945 Am Ende des 2. Weltkriegs ist das Brandenburger Tor schwer beschädigt und die Quadriga zerstört.
Bis das Tor wiederaufgebaut und die Quadriga nachgebildet ist, vergehen viele Jahre.

1962 Zwischen Ost- und Westberlin steht die Mauer, die beide Stadthälften voneinander trennt. Das Brandenburger Tor steht direkt im Mauerstreifen und ist damit stillgelegt: Niemand kommt hier durch.

1989 Die Grenze, die quer durch Deutschland und quer durch Berlin lief, wird geöffnet. Menschen steigen auf die Mauer und kommen dem Tor so nahe wie seit vielen Jahren nicht mehr. Bald darauf ist die Mauer weg und das Tor wieder ein Tor: Das Brandenburger Tor wird zum Zeichen für das Ende der Teilung Deutschlands.

Günter Strempel

Paris, London, Rom oder auch deine Heimatstadt:
Kennst du Wahrzeichen aus anderen Städten?

Die Muschel hat das Meer gefangen

Als gestern die Wellen am schönsten sangen,
da hat die Muschel das Meer gefangen!

Seid ganz still und lauscht,
wie es in ihr rauscht!

Josephine Hirsch

ebbe / flut

e b b e e b b e e b b e e b b e e b b e f l u t
e b b e e b b e e b b e e b b e e b b e e b b e
e b b e e b b e e b b e e b b e e b b e f l u t
e b b e e b b e e b b e e b b e f l u u u u u t
e b b e e b b e e b b e f l u u u u u u u u u t
e b b e e b b e f l u u u u u u u u u u u u u t
e b b e f l u u u u u u u u u u u u u u u u u t
f l u u u u u u u u u u u u u u u u u u u u u t
e b b e f l u u u u u u u u u u u u u u u u u t

Ernst Jandl

Gestalte das Gedicht ebbe / flut auf einem Blatt.
Überlege, wie man das Wasser dabei besonders
deutlich machen kann.

Plastikmüll im Meer

Der Großteil unserer Erde wird von den Meeren bedeckt. Die Ozeane und ihre Unterwasserwelt sind einfach großartig. Doch immer mehr Müll gelangt in unsere Meere. Wird Müll achtlos am Stand liegen gelassen, werden zum Beispiel Plastikflaschen, Verpackungen oder Sandspielzeug durch die Wellen und den Wind ins Wasser gespült. Ein Teil des Mülls stammt auch von Fischernetzen oder von Schiffen. Selbst Müll, der fernab der Küste liegen gelassen wird, landet oft über die Flüsse irgendwann im Meer. Auch über die Abwässer gelangen winzige Plastikteile in die Gewässer.

Nur ein kleiner Teil des Plastikmülls treibt auf der Wasseroberfläche. Der Großteil sinkt auf den Meeresgrund ab. Einmal dort, bleibt er mehrere Hundert Jahre liegen, bis das Plastik in kleine Stücke zerfällt und sich aufgelöst hat.

Dieser Müll sieht nicht nur unschön aus, er ist auch schlecht für die Tiere, die im oder am Wasser leben. Sie können sich in Tüten und Netzen verheddern, an Plastikteilen ersticken oder sie nehmen diese mit ihrer Nahrung auf. Das macht die Tiere krank.

Auch uns Menschen schadet dies. Viele Strände sind verdreckt und durch den Verzehr von Fisch oder anderen Meerestieren nehmen auch wir winzige Plastikteile in unseren Körper auf.

Höchste Zeit, etwas zu tun. Umweltschutzorganisationen sprechen schon lange von diesem Problem und Wissenschaftler suchen nach Möglichkeiten, Plastik durch andere Stoffe zu ersetzen. Doch all dies ist nicht genug. Um die Meere zu retten, muss jeder umdenken. Auch du kannst darauf achten, so wenig Plastik wie möglich zu verwenden und dieses richtig zu entsorgen*.

Weg mit dem Plastik! – Interview mit einem Erfinder

Steckbrief

Name:	Helmut Nägele
Geburtsjahr:	1970
Wohnort:	bei Heilbronn
Beruf:	Erfinder und Chef einer Firma, die Materialien aus nachwachsenden Rohstoffen* produziert
Lieblingsessen:	Königsberger Klopse
Hobby:	Sport

Herr Nägele, wollten Sie schon immer Erfinder werden?

Eigentlich nicht. Ich wollte etwas mit Chemie oder Maschinenbau machen und habe mich dann für den Mittelweg entschieden. Als Chemie-Ingenieur muss man sich in beiden Welten auskennen. Das war genau mein Ding. Ich fühle mich auch heute eigentlich nicht als Erfinder wie Daniel Düsentrieb, sondern als Techniker, der nach nachhaltigen technischen Lösungen sucht.

Warum beschäftigen Sie sich mit nachwachsenden Rohstoffen?

Angefangen hat alles mit der Umweltkonferenz 1992 in Rio de Janeiro. Da wurde mir klar, dass wir mit unserem Planeten viel sorgsamer umgehen müssen, wenn auch unsere Kinder und Enkel eine lebenswerte Umwelt vorfinden sollen. Also habe ich mir die Verarbeitung nachwachsender Rohstoffe zu meiner Lebensaufgabe gemacht.

Was war Ihre wichtigste Erfindung?

Es ist mir und meinem Geschäftspartner gelungen, bestimmte Holzbestandteile so zu verbinden, dass man sie wie Kunststoff verarbeiten kann. Für diese Erfindung habe ich ein Patent*, da es das auf der ganzen Welt so noch nicht gegeben hat.

Holz wird wie Kunststoff verarbeitet – das klingt spannend. Wie funktioniert das?

Wir mischen die Holzbestandteile mit einigen natürlichen Wachsen und Harzen und stellen daraus ein Granulat* her. Wenn man es auf etwa 170 °C erhitzt, wird es „flüssig". So kann es unter hohem Druck in eine Form gespritzt werden. Es kühlt darin ab und wird fest. Wenn man die Form dann öffnet, kommt das fertige Teil heraus.

Welche Dinge können Sie auf diese Weise herstellen?

Fast alles, was auch mit Kunststoff oder Holz hergestellt werden kann. Das fängt beim Kinderspielzeug wie Bauklötzen oder Spielfiguren an und geht bis hin zu Haushaltsgegenständen wie Schüsseln oder Brotdosen. Aber auch Musikinstrumente, Modeartikel, Gehäuse für Elektronik-Artikel oder Automobilteile können daraus hergestellt werden.

Woran erkennt man, dass in einer Brotdose mehr steckt als Plastik?

Es gibt derzeit leider noch kein einheitliches Siegel*, das dem Käufer anzeigt, dass zum Beispiel eine Brotdose nicht aus Kunststoff, sondern aus nachwachsenden Rohstoffen besteht. Aber daran arbeiten wir zusammen mit den Herstellern und der Politik.

Worauf sind Sie besonders stolz?

Wir haben die Firma 1998 zu zweit gegründet. Mittlerweile haben wir über 30 Angestellte. Unsere Kunden sind auf der ganzen Welt. Wenn wir durch unsere Arbeit einen Beitrag dazu leisten können, vom Erdöl wegzukommen, den Plastikmüllbergen entgegenzuwirken und anderen zu zeigen, dass es auch mit nachhaltigen Rohstoffen gelingt, bin ich darauf besonders stolz.

Was möchten Sie gern noch erfinden?

Eine Hochleistungsbatterie, die mit ganz einfachen Mitteln und preiswert herzustellen ist.

Was würdest du gern erfinden?

Feuerspuckende Riesen

Wenn auf der Erde ein Vulkan ausbricht und sich rot glühende Lava ins Tal wälzt, halten viele Menschen den Atem an. Erinnerungen an Geschichten früherer Vulkanausbrüche sowie Bilder von riesigen Staub-, Asche- und Gaswolken kommen ihnen in den Sinn.
In der Vergangenheit gab es tatsächlich viele Vulkanausbrüche, die schwere Folgen für Mensch und Natur mit sich brachten.

Eine Stadt wird zerstört

Einer der größten Vulkanausbrüche der Erde ereignete sich zu Zeiten der Römer in Italien.
Hier brach in der Nähe der Stadt Neapel der Vesuv aus. Vorhersagen über einen bevorstehenden Ausbruch gab es damals noch nicht. Die Menschen der Stadt Pompeji wurden am Morgen des 24. August 79 n. Chr. durch eine gewaltige Explosion aus ihrem Alltag gerissen.
Der Gipfel des Vesuvs wurde weggesprengt und glühend heiße Asche- und Staubwolken, gespickt mit Felsbrocken und giftigen Gasen, ergossen sich über die Stadt.
Der Vulkanausbruch dauerte 18 Stunden. Dennoch wurde alles unter meterhoher Asche begraben und fast alle Bewohner Pompejis starben. Nach Ausgrabungen kann man heute die Ruinen der Stadt Pompeji besichtigen.

Aktive Vulkane

Viele Vulkane sind heute noch sehr aktiv. Gerade auf Island und Hawaii, in Indonesien, auf den Philippinen oder in einigen Ländern Südamerikas kommen Vulkanausbrüche sehr häufig vor. Heute können Vulkanausbrüche in der Regel vorhergesagt werden. Dadurch werden die meisten Menschen in der Umgebung des „Feuerberges“ rechtzeitig gewarnt und können so in Sicherheit gebracht werden.

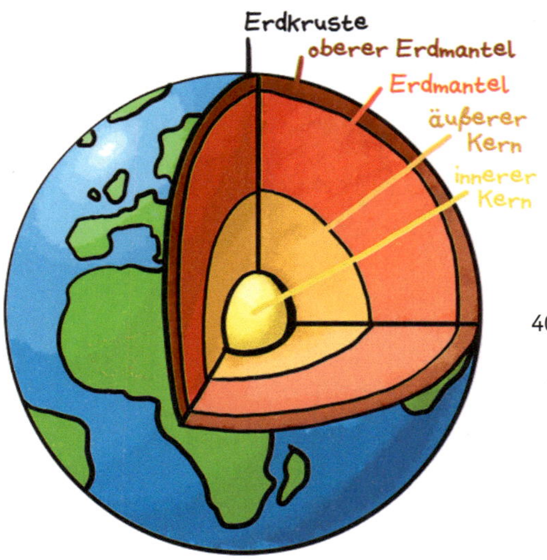

Die Entstehung von Vulkanen

Unsere Erdkugel hat einen **inneren festen Kern**. Drum herum befinden sich ein äußerer flüssiger Kern und der **Erdmantel**, der zum Teil ebenfalls aus einer zähflüssigen Masse besteht. Auf dieser Masse „schwimmen“ die Platten der **Erdkruste** und der **obere Erdmantel** wie Eisschollen auf dem Meer. Diese Platten verschieben sich ganz langsam und stoßen manchmal sogar zusammen. An solchen Übergängen entstehen dann „Löcher“ in der **Erdkruste** und die zähflüssige Masse kann unter bestimmten Voraussetzungen mit viel Wucht an die Oberfläche geschleudert werden – ein Vulkan bricht aus.

Island, Hawaii, Indonesien … Sieh auf einer Karte nach, wo diese Länder liegen.

Ein Astronaut erzählt

Astronaut Claude Nicollier

Der Weltraum ist ein magischer, wunderschöner und unheimlich interessanter Ort. Ich hatte das Glück, vor vielen Jahren ein paarmal dorthin reisen zu dürfen, und ich liebte es so sehr, dass ich wieder hinmöchte.

Die Reise von der Erde in den Weltraum beginnt immer mit einem großen Raumschiff, riesigen Treibstofftanks, großen Raketenmotoren, gewaltigen Flammen, Rauch und Lärm, einem höllischen Schütteln beim Start und – das muss ich zugeben – einem bisschen Angst bei allen an Bord. Eigentlich ist es eher eine fürchterliche Angst! Zugleich hat man aber auch dieses großartige Gefühl, dass man zu einem einzigartigen Abenteuer aufbricht, das bisher nur ganz wenige Männer und Frauen erleben durften. Es ist enorm spannend – spannend und gleichzeitig sehr Furcht einflößend.

Schon zwei Minuten nach dem Start ist der Himmel vorm Fenster fast komplett schwarz, weil du gerade die Atmosphäre* verlässt. Es ist so aufregend und schön! Und es dauert gar nicht lange, bis du im Weltraum bist, vielleicht acht oder neun Minuten in deinem rüttelnden Raumschiff, und du bist da.

Sobald du in der Umlaufbahn bist, schalten sich die Raketenmotoren ab, und du bist auf einmal in einer ganz neuen Welt – der Schwerelosigkeit.

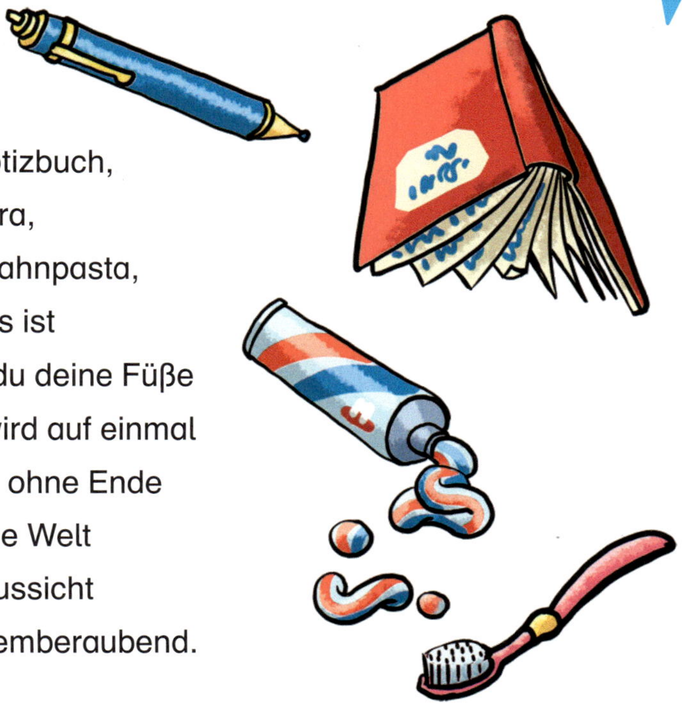

Alles schwebt! Dein Stift, dein Notizbuch, deine Arbeitsbücher, deine Kamera, deine Zahnbürste und auch die Zahnpasta, deine Kollegen und du selbst. Das ist ein unglaubliches Gefühl! Wenn du deine Füße an die Decke der Kabine hältst, wird auf einmal die Decke zum Boden. Du kannst ohne Ende Purzelbäume schlagen. Es ist eine Welt ohne Oben und Unten, und die Aussicht auf die Erde und die Sterne ist atemberaubend.

Wenn du nun die Erde für eine lange Reise zu einem anderen Planeten oder einem Asteroiden* oder Kometen* verlässt (und ich hoffe, dass du das irgendwann tun wirst), wirst du sehen, wie die Erde schnell immer kleiner und kleiner wird. Das wird ein erstaunliches Gefühl sein. Es wird nicht lange dauern, bis du im interplanetaren Weltraum bist ... Was für ein Abenteuer! Aber sorge dafür, dass du genug Proviant* dabeihast, und genieße die Reise zu anderen Welten.

Claude Nicollier

Stell dir vor, du wärst ein Astronaut oder eine Astronautin! Was möchtest du erleben? Schreibe dazu.

4 Lauter tolle Geschichten

Mein schönster erster Satz

Es war Mitternacht und Herr Taschenbier saß auf dem Dach von Frau Rotkohls Haus.

Paul Maar

Dieser Satz ist für mich der schönste erste Satz,
weil ich auch einmal um Mitternacht
auf dem Dach unseres Hauses sitzen will.
Am liebsten mit dem Sams, weil das so frech ist
und sich von niemandem etwas sagen lässt!

Paul Böhringer

An einem schönen Sommertag,
als draußen im Wald die Sonne schien,
saßen die Wawuschels in ihrem Berg und horchten.

Irina Korschunow

„WAWUSCHELS" – das klingt so schön und kitzelt
im Mund beim Aussprechen und gefiel mir gut.
Wer mochte das wohl sein?
Mir gefiel dieser erste Satz so gut, dass ich natürlich
das Buch weiterlas, und das nicht nur einmal – und
das Wort „Wawuschels" durfte ich noch Hunderte
von Malen lesen und mir den Mund kitzeln lassen.

Johann Engelhardt

Der Schrei kam mittags um zwölf.

Dietlof Reiche

Ich habe diesen Satz gewählt, da er Spannung verspricht, die im Buch auch gehalten wird. Es gibt viele Autoren, die sich in Hunde oder Katzen versetzen, doch mir ist bis jetzt kein einziger begegnet, der aus der Sicht eines Nagetiers berichtet.

Laura Dudziak

Wie, du angelst?
Da muss man stundenlang herumsitzen,
darf keinen Mucks von sich geben und
fangen tun die auch nie was.

Thorsten Löw

Ich finde diesen ersten Satz so interessant, weil er so geschrieben ist, dass man nach dem Lesen dieses Buches meint, mehr zu fangen und zu wissen.
Das Buch erfüllt die Erwartungen, weil ich nach dem Lesen drei Karpfen weit über der 15-Pfund-Marke erbeuten konnte.

Lukas Schildbach

Wähle aus deinen Lieblingsbüchern deinen schönsten ersten Satz aus.

Klassenfahrt und stille Post

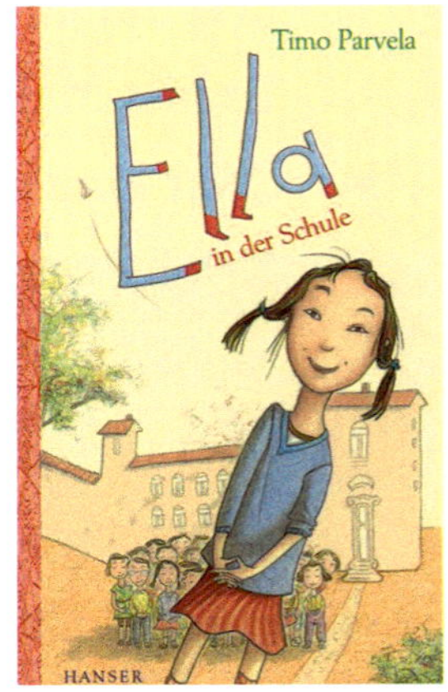

In der letzten Zeit war unser Lehrer ziemlich nervös. „Die Frau vom Lehrer kriegt ein Kind, weitersagen!“, flüsterte Hanna mir zu. Wir standen in einer Reihe auf dem Schulhof und warteten auf den Bus, der uns zur Klassenfahrt abholen sollte. „Das sag ich nicht weiter“, sagte ich zu Hanna. „Nachher wird nur wieder irgendwas Komisches draus.“ Stille Post ist in unserer Klasse ein Lieblingsspiel, aber das hab ich bestimmt schon erzählt. „Was wird komisch?“, fragte Timo, der vor mir stand. „Die Sache mit unserem Lehrer“, sagte ich vorsichtig. „Die Sache mit unserem Lehrer wird komisch, weitersagen!“, flüsterte Timo Mika zu, der vor ihm stand. „Die Sache mit unserem Lehrer wird chronisch*“, flüsterte Mika Tiina zu.

„In der Tasche von unserem Lehrer ist Honig“, flüsterte ein paar Stationen später Tuna Pekka zu. „Was gibt’s denn hier zu tuscheln?“, fragte der Lehrer Pekka, der als Erster ganz vorne stand. „Darf ich mal kosten?“, fragte Pekka und zeigte auf die Reisetasche des Lehrers. „Von der Tasche?“, wunderte sich der Lehrer. „Nein, vom Honig“, sagte Pekka.

Der Lehrer schüttelte den Kopf. Das tut er oft, wenn Pekka was sagt. Dann stellte er die Tasche auf den Boden und schaute zu seiner Frau. „Und achtzehn“, sagte die Frau des Lehrers, die uns gerade durchgezählt hatte. Sie kam mit uns auf Klassenfahrt, obwohl sie eigentlich die Lehrerin der B ist. „Schau dir ihren Bauch an“, flüsterte Hanna mir zu. Hanna hatte womöglich recht. Vielleicht bekam sie wirklich ein Kind.

„Ob er's wohl schon weiß?", fragte ich Hanna. Dann mussten wir schrecklich lachen, weil wir uns sein Gesicht vorstellten, wenn er es erfuhr.

Und dann kam der Bus. Er war unheimlich groß und hoch. Der Busfahrer dafür ganz klein und dick. Als wir einstiegen, schauten Hanna und ich auf seinen Bauch und zwinkerten uns zu.

„Alles startklar!", rief die Frau des Lehrers.

„Du meinst, es sind wirklich alle anwesend und sitzen brav im Bus?", fragte der Lehrer ungläubig.

„Liebling, sei doch nicht so nervös. Ich hab sie durchgezählt", sagte seine Frau.

Trotzdem zählte er uns noch mal. Und dann noch mal.

„Haben alle ihr Geld dabei?", fragte er dann, und wir zeigten es ihm.

„Haben alle ihre Taschen und Beutel?", fragte er, und wir hielten unsere Taschen und Beutel in die Luft.

„Reiseproviant?", fuhr er fort.

Wir zeigten ihm unsere Brote und Limoflaschen.

„Regenschirme?"

Wir zeigten sie ihm.

„Pekka?"

Wir zeigten auf Pekka.

„Brechtüten und Notraketen?"

Jetzt wunderten wir uns.

„Liebling, jetzt beruhige dich und setz dich hin!", bat ihn seine Frau.

Als der Bus losfuhr, winkten wir zum Abschied der ganzen Schule. Sogar der Reisetasche des Lehrers, die mitten auf dem Schulhof stand.

Timo Parvela

Spielt in einer größeren Gruppe das Spiel „Stille Post". Beginnt mit einem Satz.

Der kleine Nick und die Taschenlampe

Ich bin Siebter in Rechtschreibung geworden, und da hat Papa mir Geld gegeben, damit ich mir kaufen kann, was ich will, und als die Schule aus war, sind meine Freunde alle mitgekommen bis zu dem Laden, wo ich mir die Taschenlampe gekauft hab, nämlich, das war das, was ich wollte.

Eine astreine Taschenlampe – die hatte ich schon vorher immer im Schaufenster gesehen, jedes Mal, wenn ich auf dem Weg zur Schule an dem Geschäft vorbeikam.

„Aber was willst du denn mit einer Taschenlampe machen?", hat Otto mich gefragt.

„Ist doch klar", hab ich geantwortet. „Die kann man prima gebrauchen, zum Detektivspielen. Detektive haben immer eine Taschenlampe bei sich, damit sie die Spuren der Verbrecher finden."

„Na ja", hat Otto gesagt. „Aber ich weiß nicht, wenn mein Vater mir so viel Geld gegeben hätte, damit ich mir was kaufe, ich hätte mir lieber eine Sahnetorte gekauft, nämlich, 'ne Lampe, gut und schön, die kann man gebrauchen, aber eine Sahnetorte, die schmeckt klasse!"

Meine Kameraden haben angefangen zu lachen, und sie haben zu Otto gesagt, er ist schön blöd und ich bin viel vernünftiger, weil ich mir eine Taschenlampe kaufe.

„Leihst du sie mir denn auch, die Taschenlampe?", hat Roland mich gefragt. „Nein, wieso?", hab ich gesagt.

„Wenn du eine Taschenlampe willst, dann sieh zu, dass du Siebter in Rechtschreibung wirst – nee, wirklich, das fehlte noch!“

Und wir haben uns rumgedreht, und wir waren ganz wütend, und wir sprechen nie mehr miteinander.

Zu Hause habe ich Mama meine Lampe gezeigt. Sie hat gesagt: „Nanu? Das ist ja eine sonderbare Idee. Immerhin, wenigstens mal etwas, mit dem du keinen Lärm machen kannst. Geh rauf und fang schon mal mit deinen Schularbeiten an.“

Ich bin rauf in mein Zimmer, und ich hab die Blenden zugemacht, damit es richtig dunkel wird, und ich hab den runden Lichtfleck überall hingehen lassen, über die Wände, über die Decke und über die Möbel und unter mein Bett. Und da hab ich ganz hinten eine Glaskugel wiedergefunden, die ich schon lange gesucht hatte, und ich hätte sie bestimmt nicht wiedergefunden, wenn ich meine schöne Taschenlampe nicht hätte.

René Goscinny und Jean-Jacques Sempé

Eine „astreine“ Taschenlampe – was meint Nick damit?
Finde andere passende Wörter, die du verwenden würdest.

Zaubern ist nichts für Feiglinge

„Nein“, sagte Tante Abigail.

„Nein, nein, nein und nochmals nein.“

Violet schluckte. Fünfmal nein. Das war ihr bisheriger Rekord. So viele Neins hatte sie noch nie bekommen.

„Aber Katzenminzöl und destillierter Frauenschuh wirken doch gegen Lampenfieber“, sagte sie verunsichert.

„In dieser Mischung nicht!“, rief Tante Abigail aufgebracht. „Und auf die Mischung kommt es an.“

„Sieben Tropfen Katzenminzöl auf einen Esslöffel Frauenschuhdestillat“, sagte Violet. „Das ist doch …“

„Falsch!“, rief Tante Abigail. „Das ist total falsch. Es sind sechs Tropfen! Sechs!“

„Schade, schade, jammerschade!“ Lady Madonna, Tante Abigails sprechender Wellensittich, schlug in ihrem Käfig über der Ladenkasse aufgeregt mit den Flügeln.

Violet verdrehte die Augen. „Ich hab mich nur um einen einzigen Tropfen vertan“, verteidigte sie sich.

„Sieben Tropfen Katzenminzöl auf einen Esslöffel Frauenschuhdestillat wirken einschläfernd!“ Tante Abigails Stimme überschlug sich fast vor Erregung. „Und sechs Tropfen vertreiben das Lampenfieber. Das ist ja wohl ein entscheidender Unterschied. Stell dir vor, du stehst auf der Bühne und sollst etwas vorführen und dann schläfst du dabei ein.“

„Eine Katastrophe!“, zwitscherte Lady Madonna und Tante Abigail nickte.

„Also gut.“ Violet seufzte. „Beim nächsten Mal weiß ich es.“

„Genau dasselbe hast du gestern auch schon behauptet.“

„Es ist sooo schwer.“

„Das wusstest du von Anfang an“, sagte Tante Abigail.

Normalerweise war Abigail die netteste Tante der Welt. Sie backte mit Violet Kekse mit Puddingfüllung, verlor dreimal hintereinander gegen sie beim Mensch-ärgere-dich-nicht und schimpfte nie, auch wenn Violet mal wieder aus Versehen ihren Kakao auf Abigails geblümtes Sofa kippte. Doch wenn es um Violets magische Ausbildung ging, verstand sie überhaupt keinen Spaß. Eigentlich hatte sie Violet ja auch gar nicht ausbilden wollen. Aber nachdem Violet das magische Blumenbuch zweimal heimlich und verbotenerweise benutzt hatte, hatte sie endlich nachgegeben. Beide Male war der Zauber nämlich leider gründlich schiefgegangen, weil Violet eine klitzekleine Winzigkeit übersehen hatte …

Deshalb marschierte Violet jetzt zweimal in der Woche zum Spezial-Unterricht in Tante Abigails Blumenladen. Sie setzten sich zwischen den Vasen, Eimern und Blumentöpfen an den Ladentisch und dann wurde gelernt, bis Violets Kopf zu rauchen begann. Das Ganze war so anstrengend, dass sie jedes Mal total froh war, wenn ein Kunde den Laden betrat und Tante Abigail den Unterricht unterbrechen musste, um Blumen zu verkaufen.

Gina Mayer

Warum ist Tante Abigail die netteste Tante der Welt?
Schreibe die Textstelle ab.

Lillebror wird acht Jahre alt

Am Abend vor dem Geburtstag unterhielt Lillebror sich eine Weile mit Karlsson.

„Ich feiere morgen Geburtstag“, sagte Lillebror. „Gunilla und Krister kommen und hier drinnen in meinem Zimmer wird der Tisch gedeckt …“

Lillebror verstummte und sah finster aus.

„Ich hätte dich auch gern eingeladen“, sagte er, „aber …“

Mama war ja so böse auf Karlsson vom Dach. Es hatte sicher keinen Zweck, sie zu bitten, ob er ihn zum Geburtstag einladen dürfe. Aber Karlsson schob die Unterlippe vor und maulte noch mehr als sonst.

„Ich mach nicht mit, wenn ich nicht mitmachen darf“, sagte er. „*Ich* darf wohl auch mal ein Vergnügen haben!“

„Ja, ja, du darfst kommen“, sagte Lillebror schnell.

Er wollte mit Mama sprechen – dann mochte kommen, was wollte. Er konnte seinen Geburtstag nicht ohne Karlsson feiern.

„Was gibt's zu essen?“, fragte Karlsson, als er fertig gemault hatte.

„Torte natürlich“, sagte Lillebror. „Ich krieg eine Geburtstagstorte mit acht Lichtern drauf.“

„Soso“, sagte Karlsson. „Du, ich hab einen Vorschlag!“

„Was denn?“, fragte Lillebror.

„Kannst du nicht deine Mama bitten, ob du stattdessen *acht* Torten und *ein* Licht haben kannst?“

Lillebror glaubte nicht, dass sich Mama darauf einlassen würde.

„Kriegst du denn ein paar gute Geschenke?“, fragte Karlsson.

„Das weiß ich nicht“, sagte Lillebror.

Er seufzte. Natürlich wusste er, was er sich wünschte – mehr als irgendetwas anderes auf der Welt. Aber das würde er nicht bekommen.

„Einen Hund krieg ich wohl in meinem ganzen Leben nicht“, sagte er. „Aber ich bekomme natürlich eine Menge anderer Geschenke. Ich muss also froh sein und darf nicht den ganzen Tag an einen Hund denken. Das hab ich mir vorgenommen.“

„Nee, und dann hast du ja mich“, sagte Karlsson. „Und ich sollte meinen, das haut’n bisschen mehr hin als ein Hund!“ Er legte den Kopf schief und schaute Lillebror an. „Ich möchte mal wissen, was für Geschenke du kriegst“, sagte er. „Ich möchte wissen, ob du Bonbons kriegst! In dem Fall, finde ich, sollten sie unmittelbar wohltätigen Zwecken zugeführt werden.“

„Ja, wenn ich eine Tüte Bonbons bekomme, dann sollst du sie haben“, sagte Lillebror. Für Karlsson konnte er *alles* tun und jetzt mussten sie sich ja außerdem trennen.

„Karlsson, übermorgen fahre ich zu Großmutter und bleibe den ganzen Sommer dort“, sagte Lillebror. Karlsson sah erst etwas verdrießlich aus, aber dann sagte er wichtigtuerisch: „*Ich* fahre auch zu *meiner* Großmutter. Sie ist viel großmuttriger als deine.“

„Wo wohnt sie, deine Großmutter?“, fragte Lillebror.

„In einem Haus“, antwortete Karlsson. „Dachtest du, sie rennt die ganzen Nächte draußen rum?“

Danach wurde nicht mehr viel von Karlssons Großmutter oder von Lillebrors Geburtstagsgeschenken oder sonst was geredet, denn es war spät geworden und Lillebror musste ins Bett, damit er an seinem Geburtstag rechtzeitig wach sein konnte.

Astrid Lindgren

Welche Eigenschaften hat Karlsson? Notiere auf einem Zettel passende Adjektive.

Der beste Bruder der Welt

Mein kleiner Bruder Axel hatte den besten Bruder der Welt. Mich.
Wann immer er sich in einen Schlamassel* bugsierte, war ich da, um ihn wieder rauszuhauen. Er vertraute einfach darauf, dass ich schon einen Plan haben würde. Und den hatte ich. Immer.

Im Freibad hatte ihn einmal ein bergtrollgroßer Angeber mit ungefähr zwanzig Schwimmabzeichen und hundert Tattoos von oben herab angesehen und gesagt: „Hey, Zwerg, du traust dich bestimmt keinen Köpper vom Dreier."
„Pfff", machte Axel nur und kletterte die sonnenblitzende Stahlleiter hinauf. Mit trotzig vorgeschobener Unterlippe stieg er am Dreier vorbei und bis ganz nach oben zum Fünfer. Höher ging es nicht. Ohne auch nur ein einziges Mal zu zögern, lief er zur Kante vor und sprang.
Im Flug schrie er: „Naaa?"
Nicht einen winzigen Moment lang dachte er daran, dass er gar nicht schwimmen konnte. Er platschte aufs Wasser und sackte bis zum fünf Meter tiefen Kachelgrund hinunter. Die Umstehenden lachten und jubelten, aber ich reagierte blitzschnell. Ich sprang ihm hinterher und fischte ihn aus dem Becken.

Axel legte dauernd solche Stunts hin.
Ma wusste davon nichts, aber irgendwas schien sie zu ahnen. Denn jedes Mal, wenn Axel aus dem Haus ging, sagte sie zu mir: „Hagen, pass bitte auf deinen Bruder auf."
Und ich, Hagen Julius Kaiser, passte auf. Denn Axel war für seine achteinhalb Jahre schmächtig. Seine Augen waren groß und nachtwaldgrün, das Haar dunkelblond.

Ich passte jedoch nicht nur auf, sondern brachte ihm auch alles bei, was man nicht von seinen Eltern lernt und trotzdem braucht. Ich zeigte ihm, wie man eine Schleuder baut und richtig benutzt. Wie man freihändig um Kurven radelt, auf windschiefe Bäume klettert, in großen Kartons die Treppe runterbrettert und sich im Schwertkampf mit einem Schild verteidigt. Dafür nahm ich eine frische Haselnussrute und drückte Axel einen alten, angerosteten Topfdeckel in die Hand. Ich zeigte ihm, wie man mit einer Lupe ein Lagerfeuer entzündet und wie man Bucheckern knackt und isst, obwohl die ein bisschen giftig sind. Wirklich nur ein bisschen.

Und was machte Axel mit all dem Wissen? Mit der Schleuder schoss er einen Sprung ins Glas der Terrassentür und knallte sich den schnalzenden Gummi so fest ans Ohr, dass es blutete. Mit der Lupe fackelte er auf offenem Feld nicht nur sein Häufchen aus trockenen Zweigen und Zeitungspapier ab, sondern auch einen großen Strohballen vom Bauern Maierhofer direkt daneben. Auf dem Rad raste er freihändig über eine Skaterschanze, flog mit doppeltem Überschlag haarscharf an einem parkenden Porsche vorbei und landete im nächsten Graben.

Zum Glück habe ich Axel auch beigebracht, wegen solcher Kleinigkeiten nicht gleich zu heulen. Deshalb war er nicht nur klein und schmächtig für sein Alter, sondern auch zäh wie Opas Rinderbraten. Ma und Pa nicht. Die waren über jede von Axels Schrammen ebenso entsetzt wie über das blutige Ohr. Und jedes Mal fragten sie natürlich mich, nicht ihn: „Wie konnte das passieren?“

Boris Koch

Was bringt Hagen seinem kleinen Bruder Axel alles bei? Wie findest du ihn als großen Bruder?

Leonie ist verknallt

Heute ist Leonie froh, als die Flötenstunde zu Ende ist. Auf dem Heimweg sieht sie Florian mit einem Mädchen aus der Bäckerei kommen. Sie spürt einen heftigen Stich in der Brust. Damit Florian sie nicht entdeckt, versteckt sich Leonie hinter einem Auto. Sie kennt das Mädchen an Florians Seite nicht. Wer ist denn die?“, fragt sich Leonie. Und warum geht Flori mit der zum Bäcker? Vielleicht ist sie …

Nein, daran will Leonie gar nicht denken. In sicherem Abstand verfolgt sie die beiden. Die scheinen sich gut zu verstehen. Sie reden und lachen die ganze Zeit miteinander. Am liebsten möchte Leonie weglaufen, aber sie schafft es nicht. Sie muss wissen, wohin die beiden gehen. Es dauert nicht lange, dann stehen sie vor Florians Haus. Und beide gehen hinein. Leonie lehnt wie benommen an einem Baum. Sie kann noch gar nicht glauben, was sie eben gesehen hat. Aber sie hat es gesehen. Mit ihren eigenen Augen. Also stimmt es.

Leonie schleicht davon. Sie greift in die Jackentasche, da spürt sie den Brief, den sie für Florian geschrieben hat. Leonie zerreißt den Brief in viele kleine Schnipsel.

Sie rennt bis nach Hause. Ihr Herz hämmert, ihr Kopf glüht. Zu Hause schließt sie sich in ihr Zimmer ein, wirft sich aufs Bett und heult. Es dauert nicht lange, da läutet das Telefon. „Leonie!“, ruft Papa. „Telefon für dich!“

„Ich bin nicht da!“, ruft Leonie.
„Was soll denn das?“, fragt Papa.
„Natürlich bist du da!“
„Ich will aber nicht telefonieren!“
Wenig später ist Papa an der Tür.
„Warum hast du abgeschlossen?
Leonie, mach bitte die Tür auf!“
„Nein!“

„Leonie, was ist denn?“, fragt Papa besorgt. „Komm, mach die Tür auf.“
Leonie will nicht. Aber sie weiß, dass Papa keine Ruhe geben wird.
Also öffnet sie.
„Warum schließt du dich denn ein?“
Leonie antwortet nicht. Sie wirft sich wieder aufs Bett und drückt den Kopf
ins Kissen. Papa setzt sich zu ihr und streicht ihr über den Rücken.
„Gibt's Probleme in der Schule?“
Leonie schüttelt den Kopf.
„Oder mit deinen Freundinnen?
Wieder ein Kopfschütteln.
„Hast du etwas angestellt?“
„Nein!“
„Leonie“, sagt Papa leise, „was es auch ist, du weißt,
wir können über alles reden.“
Reden? Als ob das etwas ändern würde, denkt Leonie.

Manfred Mai

Was sollte Leonies Papa deiner Meinung nach nun tun?

Die Sternenritter

Ben hatte das Gefühl zu träumen. Eben noch hatte er auf dem alten Dachboden vor dem Spiegel gestanden – aber wo war er jetzt? „Sammy?“, fragte er und wartete. Etwas leiser fügte er hinzu: „Mia?“ Aber niemand antwortete. Stattdessen sprangen plötzlich überall grelle bunte Lichter an, sodass Ben erschrocken die Hände vor die Augen riss. Vorsichtig blinzelte Ben, bis sich seine Augen an die Helligkeit gewöhnt hatten. Dann ließ er die Hände sinken – und schnappte nach Luft. Die morschen Holzbalken der Decke waren verschwunden, stattdessen war die Kuppel plötzlich durchsichtig, und ein funkelnder Sternenhimmel breitete sich groß und gewaltig darüber aus. Die Wände schienen auf einmal aus Metall zu bestehen, und wohin Ben auch blickte, sah er Monitore und blinkende Anzeigen. Das große Teleskop war noch da, aber es sah jetzt völlig anders aus. Nicht mehr alt und verstaubt, sondern nagelneu und supermodern. Was hatte das zu bedeuten? Ben befühlte seine Stirn. Bestimmt hatte er sich den Kopf gestoßen und war bewusstlos und träumte jetzt wirres Zeug. Aber da war keine Beule. Der Spiegel! Mit dem Spiegel hatte alles angefangen! Ben wirbelte herum – und erlebte eine weitere Überraschung. Der Spiegel stand noch im Raum, aber er sah jetzt ebenfalls ganz anders aus, glatt und ohne Schnörkel. Und statt des Spiegelbilds war in dem Rahmen ein blau leuchtender Strudel zu sehen, der sich langsam drehte. Erschrocken wich Ben zurück. Atemlos schaute er sich weiter um und stand plötzlich vor einem Schrank. Er war genauso groß wie der im alten Dachboden, nur aus Metall. Und die Türen waren durchsichtig.

Staunend sah Ben einen Helm mit Visier*, der so wirkte, als würde er einem Raumfahrer gehören. Dazu einen ungemein coolen Anzug, der an das Kostüm eines Superhelden erinnerte. Lag vielleicht auch an dem Löwenzeichen, das auf der Brust leuchtete.

Und noch etwas war in dem Schrank, das Bens Aufmerksamkeit fesselte: ein Schwert. Es sah anders aus als alle Schwerter, die Ben je zuvor in irgendwelchen Museen oder in Filmen gesehen hatte. Seine Klinge schien nicht aus Metall zu sein, sondern war durchsichtig und von blauer Farbe. Und hin und wieder zuckten kleine Blitze darüber. Ben konnte nicht widerstehen. Er wollte das Ding in der Hand halten. Zaghaft berührte er die Glastür – die sich im nächsten Moment mit leisem Zischen öffnete.

„Wow“, machte Ben. Damit hatte er nicht gerechnet. Er griff nach dem Schwert. Es war viel leichter, als er erwartet hatte, und sah ziemlich gefährlich aus. Er konnte nicht anders, als es durch die Luft zu schwingen, wobei es leise knisterte und noch mehr Blitze über die Klinge zuckten.

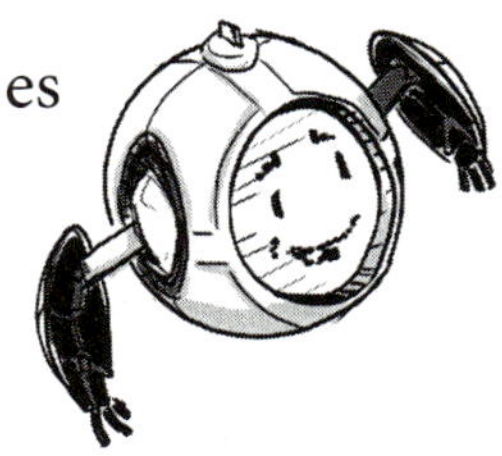

„He du!“, rief plötzlich eine empörte Stimme. „Leg das sofort wieder hin!“ Der Schreck fuhr Ben in alle Glieder. Ertappt ließ er das Schwert fallen. Statt jedoch auf den Boden zu fallen, schwebte es wie von Geisterhand geführt zurück in den Schrank.

Ben holte scharf Luft. „W-wer hat das gesagt?“, fragte er.

„Wer wohl? Ich natürlich!“, kam es blechern zurück – und von der Decke schwebte etwas herab, das kugelrund war, etwa so groß wie ein Wasserball und dessen Hülle metallisch glänzte. Es hatte zwei Arme, blinkende Lichter und leuchtende Augen, die Ben neugierig anstarrten.

Michael Peinkofer

Was erlebt Ben wohl mit dem runden Etwas? Sammelt Ideen und schreibt die Geschichte weiter.

Die Heuhaufenhalunken*

„Dieses Kaff nervt!“, brüllte Meggy am Morgen des ersten Sommerferientages. Hahn Pavarotti hatte sie aus dem Schlaf gerissen, und kurz darauf brachte der schwere Traktor von Bauer Kunze, der direkt an ihrem Zimmer vorbeirauschte, ihr klappriges Bett zum Beben. Müde und wütend zog sie sich die Decke über den Kopf.

Das Kaff hieß Dümpelwalde und lag inmitten von weiten, saftigen Wiesen und unzähligen Apfelbäumen. Manche nannten Dümpelwalde auch das Ende der Welt, da, wo der Hund begraben liegt oder wo sich Fuchs und Hase gute Nacht sagen. Der ein oder andere an Altersschwäche oder Langeweile gestorbene Hofhund lag in Dümpelwalde auch bestimmt begraben, aber Füchse, die irgendwas zu Hasen sagen, hatte Meggy hier noch nie gesehen. Und das Ende der Welt war wohl eher das fünf Kilometer entfernte Nest Sumpflitz. Denn dort hörte die Hauptstraße mitten im Dorf auf und ging in einen vermatschten Trampelpfad über, der in einem Acker endete.

Aber ganz egal, wie die Leute Dümpelwalde nannten, Meggy liebte diesen Ort, auch wenn sie das an diesem ersten Sommerferienmorgen nicht zum Ausdruck bringen konnte. Ihr Wecker zeigte 6:25 Uhr.
Das war wirklich sehr früh für einen Ferientag, aber nachdem Pavarotti ein zweites Mal schiefe Töne ins Tal gekräht hatte, war Meggy endgültig wach. Am liebsten hätte sie irgendwas nach draußen auf Pavarotti geworfen, was das Federvieh zum Schweigen gebracht hätte, doch dafür war sie gerade zu faul.

An Weiterschlafen war allerdings auch nicht zu denken, denn Pavarotti krächzte, als wäre er bei „Deutschland sucht den Superhahn“.

Eigentlich hatte Meggy gehofft, dass sie Dümpelwalde in diesen Sommerferien mal für ein paar Wochen verlassen würde. Einfach, um zur Abwechslung mal was anderes zu sehen. Einige Kinder aus ihrer Klasse machten in fernen Ländern Urlaub, doch Meggys Eltern hatten dafür momentan einfach kein Geld übrig. Meggys Mutter hatte vor Kurzem ihren eigenen Hofladen eröffnet, in dem sie Apfel-Delikatessen* verkaufte. Äpfel gab es in Dümpelwalde auch ohne Ende, nur Kunden gab es nicht so viele. Deshalb musste ihr Vater einige Extraschichten einlegen, damit die Familie über die Runden kam. Er war Versicherungsvertreter und daher ständig in den umliegenden Dörfern unterwegs. Ein Bauer aus Sumpflitz hatte bei ihm sogar mal eine Versicherung für seinen Gockel abgeschlossen, weil der mit seinem fürchterlichen Gekrähe Glasscheiben zum Platzen brachte. Meggy würde später mal einen ganz anderen Beruf wählen als ihre Eltern, das stand fest.

Sven Gerhardt

In Dümpelwalde liegt offenbar „der Hund begraben“. Erkläre diese Redensart einem Partnerkind.

Flätscher – Die Sache stinkt

„Wie-wer-was bist d-du?“

Ach, du meine Güte, dieser Theo war ein St-stot-te-rer.

„Flätscher, angenehm, mein Name ist Flätscher!“, stellte ich mich vor.

Theos Augen wurden zu Bowlingkugeln. In echt!

„Du-du … äh … du-du kannst ja spre-sprechen?!“

Der gute Theo leider nicht. Zumindest nicht fließend. Aber das sagte ich nicht laut. Wollte den Bengel ja nicht beleidigen. Immerhin hatte er mich gerade vor einem wütenden Spitzenkoch gerettet.

Und jetzt mal so richtig im Vertrauen, ich war ebenso baff. Aber ich ließ es mir null anmerken. Dass ich, das coolste und intelligenteste Stinktier des Hinterhofes, ach was, der Großstadt, der Welt, des Universums – looocker –, die Menschensprache verstand, war absolut nicht neu für mich. Aber dass ein Mensch, also dieser Theo, auch mich verstand, verträufelt, verträufelt, das war sensationell. Wenige Sekunden später sah sich Theo mit offenem Mund in meinem prächtigen Zuhause um.

„Wow, das-das ist ja … wow … Und dieses Auto da drüben, ist das etwa ein Rolls-Royce?“

Ich nickte lässig. „Meine Villa. Standesgemäß. Schließlich entstamme ich blaublütigem Stinktieradel.“

Okay, okay, das war vielleicht etwas übertrieben. Kurz bevor Mamilein der Großstadt den Rücken gekehrt hatte, weil es ihr hier einfach zu miefig, stressig und hektisch war, hatte sie mal geäußert, dass mein Vater einer äußerst ehrwürdigen Familie angehören würde. Und ehrwürdig hört sich für mich haargenau wie blaublütig an.

BASTA!

„Weißt du, Flätscher“, druckste Theo nun verlegen herum, „ich-ich kenne mich in vielen Dingen richtig gut aus. Und ich kann total gut kombinieren. Na ja, und weil das so ist, bin ich … äh, möchte ich gern ein Detektiv sein. Ein großer Detektiv natürlich.“

Dieser Theo, ganz ehrlich, diese Sache mit Theo und mir wurde immer … oha, unheimlicher. Nicht nur, dass er meine Sprache beherrschte, er träumte insgeheim von einer großen Super-Detektiv-Karriere.

„Das trifft sich gut, denn zufällig bin ich der größte Detektiv der Welt und gerade auf der Suche nach einem mir gleichwertigen Assistenten.“

„In echt?“, fragte Theo.

Empört rümpfte ich die Nase. „Natürlich! Was für eine Frage. Sehe ich etwa so aus, als ob ich es nötig hätte, unechte Dinge zu sagen und meinen zukünftigen Assistenten an der Nase herumzuführen?“

Theo zuckte die schmalen Schultern. „Ich weiß nicht. Ist schon alles etwas … verrückt.“

„Papperlapapp, lass uns lieber planen. Als Erstes brauchen wir ein erstklassiges Detektivbüro.“

Ich schaute mich einen Moment mit kritischem Blick in der Garage um, bevor ich triumphierend verkündete: „Schon gefunden! Ganz genau hier, Theo, werden wir unsere Hinterhof-Detektei eröffnen.“

Theo nickte wild. „Find ich gut. Und was ist mit einer Sekretärin? Alle großen Detektive haben eine Sekretärin. Schließlich muss jemand an das Telefon gehen, wenn wir gerade in gefährlicher Detektivmission unterwegs sind.“

Oha, oha, der Junge dachte ja richtig mit.

PERFEKTO.

Antje Szillat

Ein Detektiv, der sehr übel riechen kann?
Überlege, wann diese Fähigkeit nützlich sein kann.

5 Das Jahr ist wie ein Buch

Die Jahreszeiten

Frühling – Ich kann es kaum erwarten,
ich will jetzt in den Garten!
Erste Sonne, Tulpe, Krokus,
du verstehst, dass ich jetzt los muss?
Schneeglöckchen und Osterglocken,
Gänseblümchen, die mich locken.
Grüne Blättchen, warme Luft,
zart der erste Blütenduft.
Vögel, grad zurückgekehrt,
zwitschern völlig unbeschwert.
Es ist März! Da kann man nur
raus in die Natur!

Der Frühling beginnt am 20. März.

Im Frühling kehren die Zugvögel zurück.

Tulpe, Krokus, Schneeglöckchen und Osterglocke sind Frühblüher.

Sommer – Bin schon mal losgerannt,
ich will jetzt an den Strand!
Die Tage lang, die Sonne heiß,
Creme muss sein, jaja, ich weiß.
Erd- und Him- und Brombeeren essen,
Eis und Kirschen nicht vergessen.
Schmetterlinge und Libellen
glänzend durch die Lüfte schnellen.
Nur die Mücken nerven mich,
hab schon wieder einen Stich.
Juni, endlich! Ich will nur
raus in die Natur.

Der Sommer beginnt am 21. Juni.

Viele Früchte sind im Sommer reif.

Aus dem Ei schlüpft eine Raupe, sie entwickelt sich zur Puppe und dann zum Schmetterling.

Im Sommer geht die Sonne früher auf und später unter.

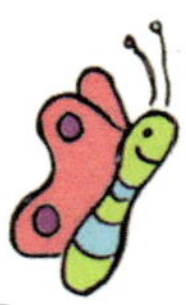

Herbst – Endlich weht der Wind so stark,
ich will jetzt in den Park.
Eicheln suchen, Drachen fliegen,
Kastanien finden, Schnupfen kriegen.
Kürbissuppe auf den Tisch,
dazu Pilze, auch ganz frisch.
Abends dann Laterne laufen,
mitten durch den Blätterhaufen.
die Störche ziehn nach Afrika,
ganz genau wie letztes Jahr.
September ist's und ich will nur
raus in die Natur.

Der Herbst beginnt am 22. oder 23. September.

Die Blätter verfärben sich und fallen zu Boden.

Mütze nicht vergessen!

Winter – Und nun kommt der Winter dran.
Was ich dazu sagen kann?
Mütze, Handschuh, Stiefel, Schal,
Kratzesocken, eine Qual.
Sehr spät hell und sehr früh dunkel,
in der Nacht mal Sterngefunkel.
Aber dann: Es bimmeln Glöckchen
und es fallen weiße Flöckchen.
Schlitten fahren, Schneemann bauen,
Lieder singen, Plätzchen kauen.
Dezember ist's und lausekalt,
egal: Ich will jetzt in den Wald.

Der Winter beginnt am 21. oder 22. Dezember.

Die Tage sind im Winter kurz.

Cordula Thörner

Berichte einem Partnerkind, welches deine liebste Jahreszeit ist und was du dann gern tust.

Wie wacht das Schneeglöckchen auf?

Der Garten liegt noch unter einer dünnen Schneedecke. An einigen Stellen schauen aber schon winzige grüne Spitzen heraus.
Und wirklich, ein paar Tage später recken die ersten Schneeglöckchen ihre schaukelnden Köpfchen aus dem Schnee. Nun fragst du dich sicher: Woher wissen sie denn, dass es an der Zeit ist, den Frühling einzuläuten?

Schneeglöckchen

Feines Gespür

Pflanzen besitzen ein feines Gespür für Temperaturunterschiede und Lichtveränderungen. Sie spüren, ob es draußen wärmer wird, und auch, ob es länger hell ist. Für einige von ihnen ist das dann auch das Startsignal, um aus der Erde zu kommen.

Auf die Plätze, fertig, los!

Neben der Temperatur und dem Licht sorgen Abläufe im Inneren des Schneeglöckchens dafür, dass es rechtzeitig aufblüht. Viele Pflanzen haben eine innere Uhr, die ihnen sagt, wann es so weit ist. Oder es ist in ihren Genen, also ihren Bausteinen, so und nicht anders vorgegeben. Einige Pflanzen beschließen zum Beispiel zu blühen, wenn sie eine bestimmte Höhe erreicht haben.

Kirschbaumzweig

Können Bäume rechnen?

Einige schon. Verschiedene Obstbäume rechnen die Anzahl der warmen Tage zusammen. Erst wenn es genügend warme Tage gab, blühen sie auf.

Karolin Küntzel

Erkläre einem anderen Kind, was eine „innere Uhr“ ist.

Eine Sonnenuhr herstellen

Du brauchst:

- Pappe
- eine Schere
- einen Zirkel
- einen Nagel
- einen Bleistift
- ein ca. 25 cm langes Stöckchen
- eine Uhr

So geht's:

- Schneide einen mit dem Zirkel gezeichneten Kreis mit 20 cm Durchmesser aus. Pikse in die Mitte ein Loch.
- Stecke das Stöckchen durch das Loch und gehe in den Garten.
- Stecke das Stöckchen an einer sonnigen Stelle in den Boden, sodass die Pappscheibe flach aufliegt.
- Markiere den Schatten des Stocks immer dann, wenn die Uhr eine volle Stunde zeigt. Schreibe die Uhrzeit (zum Beispiel 12 Uhr) immer dazu.

Was wird geschehen?

Der Schatten wandert im Lauf der Zeit. Zu jeder Stunde ist er an einer anderen Stelle.

Warum denn das?

Die Erde dreht sich mit konstanter* Geschwindigkeit um die Sonne. Dadurch scheint sich die Sonne zu bewegen und ihren Stand zu verändern. Mittags steht sie hoch am Himmel, abends und morgens tief. Mit dem Stand der Sonne verändert sich die Position des Schattens. Am Morgen zeigt der Schatten nach Westen, er ist lang und schmal. Mittags ist er kurz, auf der Nordhalbkugel zeigt er nach Norden, auf der Südhalbkugel nach Süden. Am Nachmittag zeigt der Schatten nach Osten.

Anita van Saan

Frühlingsfest bei Mumpf und Eule

Eines schönen Morgens war der Mumpf mit Hammer und Säge unterwegs und reparierte sein Haus. Ein paar Ziegelsteine auf dem Dach waren geplatzt, von einem Fenster hatte sich der Kitt gelöst und einige Bretter mussten ausgewechselt werden. So war das, wenn man ein Haus besaß: Irgendwas war immer zu tun.

Da hatte die Schneeeule Glück: Sie hatte einen Freund, der Häuser in Ordnung bringen konnte, und brauchte sich nicht selbst darum zu kümmern. Stattdessen lag sie mit einer Sonnenbrille auf der Nase im Gras und nahm ein Sonnenbad. Nur hin und wieder schüttelte sie sich. Das war, wenn sie von einer kleinen Spinne oder einem Käfer oder einer Fliege gekitzelt wurde, die zusammen mit dem Frühling aufgewacht und aus wer-weiß-welchen Schlupflöchern gekrochen waren.

„Du, Muhumpf", begann die Schneeeule. „Hm", brummelte der Mumpf, das „Ja, schieß los, liebe Eule" oder „Ich dachte, du schläfst" oder „Was ist denn nun schon wieder?" heißen konnte. Die Eule sagte: „Ich finde, wir sollten ein Frühlingsfest feiern." Ein Frühlingsfest? Das war ja mal wieder eine verrückte Idee. Der Mumpf nahm die Nägel aus dem Mund, die zwischen seinen Lippen steckten. „Warum denn das?", wollte er wissen. Warum? Das war eine schwierige Frage, weil es darauf so viele Antworten gab.

Die Eule überlegte. „Weil der Schnee weg ist und weil die Sonne scheint“, sagte sie. „Oder weil die ersten Krokusse blühen. Oder weil mir so leicht ums Herz ist, seit du mein Freund geworden bist. Das macht mich alles so furchtbar, furchtbar froh, Mumpf, verstehst du das? So froh, dass es in meinem Bauch kribbelt. So froh, dass ich am liebsten tanzen möchte.“
„Mit mir?“, fragte der Mumpf, und die Eule nickte.
„Na gut“, brummte der Mumpf. „Dann feiern wir eben ein Fest.“

Er legte sein Werkzeug beiseite und begann mit Hilfe der Schneeeule Einladungen zu schreiben. Solche großen Mumpfhände sind natürlich besser zum Sägen und Hämmern geeignet als für einen Füllfederhalter. Das Schreiben fiel dem Mumpf etwas schwer und seine Buchstaben wurden nicht schön. Darum fasste er sich lieber kurz:

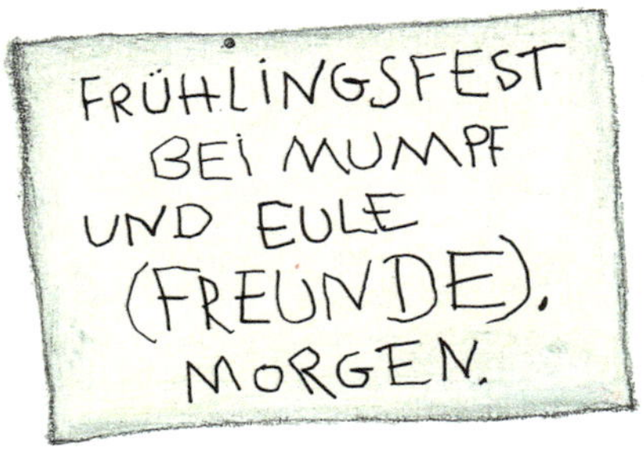

stand auf dem Kärtchen, mit denen die Eule im Schnabel davonflog, um sie im Wald zu verteilen. Auf manchen Einladungen hatte er das Wörtchen „Morgen“ vergessen, das war natürlich etwas dumm. Aber eine Katastrophe war es nun auch wieder nicht. Es bedeutete nur, dass …

Annette Herzog

Setze den letzten Satz fort.

★ Alles Sommer

Alles juckt
alles rennt
alles zuckt
alles brennt

Alles schwitzt
alles gießt
alles sitzt
alles fließt

Alles Sommer

Erwin Grosche

★ Im Garten

Ich sitze im Gras und schweige.
Der Himmel ist blau wie das Meer.
Der Wind bewegt die Zweige,
sie schwingen leicht, hin und her.

Ich bin nicht allein, denn ich sehe
den Wind, der im Kirschgeäst schaukelt,
den Schmetterling, der in der Nähe
ganz langsam vorübergaukelt.

Ich höre die Amseln und Stare.
Ich sehe die Käfer im Kraut.
Der Wind bewegt meine Haare,
die Sonne berührt meine Haut.

Georg Bydlinski

Ich sitze am Strand und …
Schreibe weiter.

Meine Ferien

Jutta Bauer

Rot leuchten die Johannisbeeren

Mittagsstille. Sommerzeit.
Gartenwelt voll Friedlichkeit.

Rot leuchten die Johannisbeeren.
Sie leuchten – locken zum Verzehren.

Ein schwarzes Vogelwesen sitzt
stillvergnügt im Busch und pickt.

Da rennt ein Mann hinzu und schreit.
Die Amsel flieht, doch nicht sehr weit.

Sie zetert* laut, ist sehr empört,
weil man sie bei der Mahlzeit stört.

„Bleib von den Beeren!“, schreit der Mann.
Die schwarze Amsel hört sich’s an.

Der Menschen-Mann verlässt den Ort,
geht heim zum Haus, verschwindet dort.

Die Amsel huscht zum Busch zurück.
Mittagsstille. Sommerglück.

Josef Guggenmos

Beerenzählen

Heidel
Stachel
Him
Brom
Blau

Genau!

Erd? – fehlt!
Ham wir uns verzählt?

F. W. Bernstein

Eis-Beeren-Waffeln

Du brauchst für sechs Personen:

- 450 g frische Beeren (Himbeeren, Brombeeren, Blaubeeren …)
- 5–6 kleine Baisers
- 3 Teelöffel Speisestärke
- Saft einer Zitrone
- 12 runde Kekswaffeln (Packung)

So geht's:

- Zuerst die Beeren waschen und mit dem Stabmixer pürieren.
- Dann die Baisers mit der Hand in einer Schüssel zerbröseln.
- Anschließend das Beerenmus und die Speisestärke in einem kleinen Topf unter Rühren bei schwacher Hitze zwei bis drei Minuten köcheln lassen.
- Danach die Baiserbrösel und den Zitronensaft unterrühren und abkühlen lassen.
- Zum Schluss sechs Waffeln mit dem Beerenmus bestreichen, mit den sechs restlichen Waffeln zudecken und leicht andrücken. Die Waffeln auf einen flachen Teller legen und im Gefrierfach ein bis zwei Stunden gefrieren lassen.

Gestalte ein Rezeptblatt und verschenke es.

Sommer

Verreisen ist schön. Aber Autofahren ist grässlich. Vor allem, wenn die Fahrt schon stundenlang dauert und wenn sie einfach kein Ende nimmt. Juline ist mit Mama und Papa unterwegs in die Berge. Leider sind die Berge noch furchtbar weit weg.

Mal sitzt Mama, mal sitzt Papa am Steuer. Nur Juline sitzt immerzu hinten auf ihrem Kindersitz und fragt: „Was soll ich denn machen?" Sie hat schon zwei Bilderbücher geguckt und ihrem nigelnagelneuen Reiseschwein die Gegend gezeigt. Sie hat eine Packung Kekse gegessen und Saft auf ihr gelbes T-Shirt gekleckert. Sie hat drei Lieder gesungen und ein bisschen geschlafen. Und noch immer sind sie nicht da.

„Lasst uns was spielen!", sagt Mama.
„Das Sommerspiel beispielsweise."
„Das Sommerspiel? Wie geht das denn?"
„Wir überlegen uns Wörter mit Sommer", erklärt Mama.
„Also – Sommertag, Sommerwind, Sommerblumen …
Wer die meisten weiß, hat gewonnen."
„Sommerferien", sagt Juline.
„Sommerreifen", sagt Papa.
„Sommerkleid", sagt Mama.
Es gibt eine Menge Wörter mit Sommer!
Aber irgendwann sind sie doch zu Ende.
Wer hat die meisten gesagt? Keiner weiß es.
Keiner hat mitgezählt.
Also hat auch keiner gewonnen.
„Schade!", sagt Juline. „Und was machen wir jetzt?"
„Ich glaube, jetzt machen wir Pause", sagt Papa,
„und vertreten uns ein bisschen die Beine."

Das ist eine gute Idee! Gleich im nächsten Ort halten sie an. Sie parken auf dem Platz vor der Kirche und gehen die Straße entlang. Sie betrachten die hübschen Häuser und schauen in die bunten Gärten. Schließlich kommen sie an ein besonders hübsches Haus und den buntesten Garten, den sie jemals gesehen haben. Das Haus ist ein Fachwerkhaus mit Blumenkästen vor allen Fenstern. Im Garten drängen sich Rosen und Astern, Rittersporn und Margeriten, Goldraute und Löwenmäulchen, Malven und Sonnenblumen.

„Ich glaube, hier wohnt der Sommer“, sagt Mama.
„Meinst du wirklich?“, fragt Juline.
„Das lässt sich leicht feststellen“, meint Papa.
„Da vorn ist ein Namensschild.“

Und wirklich, am Pfosten neben dem Gartentor sieht man über einem goldenen Klingelknopf ein goldenes Schild mit einer Reihe von schwarzen Buchstaben. Papa tritt einen Schritt näher. Zuerst lacht er und dann liest er vor.

„Sommer“, liest er. „Na, was sagt ihr jetzt?“
„Du schwindelst!“, ruft Juline.
Aber Mama geht nun auch nahe an den Pfosten heran, lässt ihren Zeigefinger an den Buchstaben entlangwandern und bestätigt, was Papa gesagt. Ja, hier wohnt der Sommer!
„Sollen wir mal klingeln?“, fragt Juline.

Ingrid Uebe

Spielt das „Sommerspiel“ mit anderen Wörtern: Sonne, Ferien, Reise ...

Oktober

Oktober ist ein Walzer
aus herbstlichen Blättern,
die im Rhythmus
der Sturmböen wirbeln.

Im Herbst komponiert
der Wind Melodien,
und am Himmel
tanzen Orchester.

Musikanten flattern
wie flötende Vögel
im Takt von Tango,
Polka und Ringelreihn.

Antonio Rubio

ein blatt

in der luft
fällt nicht
will nicht
fallen

es hängt
an einem
glänzend
geraden

s
p
i
n
n
w
e
b
faden

Arne Rautenberg

Herbstgedicht

Ich schreibe dir ein Herbstgedicht
von überreifen Birnen.
Um Äpfel, Zwetschgen geht es nicht:
Dies ist ein reines Birngedicht,
so tief im Laub und gelb im Licht,
so schwer, dass hier die Zeile bricht.

Jörg Schubiger

Im Regen gehen

Im Regen gehen.
Im Regen gehen und singen.
Im Regen gehen und singen vom im Regen Gehen.
Im Regen gehen und singen vom im Regen Gehen und Singen.

Hans Manz

Zugvögel beobachten

Im Spätsommer und Herbst kann man am Himmel ein faszinierendes Naturschauspiel beobachten: Von August bis November verlassen Millionen von Vögeln unsere Heimat, um in Südeuropa oder Afrika zu überwintern. Mancher Vogel, wie zum Beispiel der Kuckuck, macht sich ganz allein auf den weiten Weg, andere Vogelarten treffen sich und ziehen in großen Schwärmen in ihre Winterquartiere. Sie lassen sich auf ihrer weiten Reise von den Strömungen des Windes treiben, ohne dabei die Richtung zu verlieren. Die Vögel ordnen sich oft in klaren Formationen an und bilden lange Ketten oder fliegen in einer v-förmigen Keilform. An der Spitze fliegen immer einige besonders kräftige Vögel.

Um ihre Kräfte zu schonen, wechseln sie sich wie Radrennfahrer an der Spitze ab, sodass sich jedes Tier immer wieder im Windschatten des Vordermanns erholen kann.

Manchmal kann man auch Vogelschwärme bei ihrer Rast beobachten, denn die Zugvögel müssen regelmäßig landen, um zu fressen. Der Flug selbst, aber auch jeder Start, jede Landung sowie die Futtersuche und Verdauung verbrauchen viel Energie.

Wann und wo die Vögel Pause machen, hängt teilweise vom Wetter ab, jedoch haben viele Arten ihre Stammplätze, die sie jedes Jahr aufsuchen.

Lest genau. Stellt euch gegenseitig Fragen zum Text.

Die Geschichte vom fliegenden Robert

Wenn der Regen niederbraust,
Wenn der Sturm das Feld durchsaust,
Bleiben Mädchen oder Buben
Hübsch daheim in ihren Stuben. –
Robert aber dachte: Nein!
Das muss draußen herrlich sein!
Und im Felde patschet er
Mit dem Regenschirm umher.

Hui, wie pfeift der Sturm und keucht,
Dass der Baum sich niederbeugt!
Seht!, den Schirm erfasst der Wind,
Und der Robert fliegt geschwind
Durch die Luft so hoch, so weit;
Niemand hört ihn, wenn er schreit.
An die Wolken stößt er schon
Und der Hut fliegt auch davon.

Schirm und Robert fliegen dort
Durch die Wolken immerfort.
Und der Hut fliegt weit voran,
Stößt zuletzt am Himmel an.
Wo der Wind sie hingetragen,
Ja, das weiß kein Mensch zu sagen.

Heinrich Hoffmann

Lies das Gedicht mehrfach.
Lies es dann ausdrucksvoll vor.

Wir und der Wind

Text und Melodie: Georg Bydlinski

2. Er kitzelt die Dächer,
zerrüttelt den Rauch,
wirft Erde in Löcher,
reißt Blätter vom Strauch.

3. Er packt eine Zeitung,
schon ist sie verweht.
Er ist die Begleitung,
wohin man auch geht.

4. Und stark wie ein Ringer.
Der Westwind kennt Spiele!
Das Gras in der Wiese
kriegt Finger, ganz viele.

Der Herbststurm

Es war um die Mittagszeit, als der Himmel eine drohend lila Farbe annahm und sich verdunkelte. Baumkronen und Wipfel schwankten. Der Wind rüttelte an der blauen Tür und es pfiff durch die Fensterritzen. Bald peitschten schwere Sturmböen die Brombeerranken und warfen sich mit Geheul auf das Dach. Der erste große Herbststurm brauste über den Wald hinweg.

„Auweia, Rosine!“, rief Mucker fröhlich, als die Wände ächzten und knirschten und die Zimmerdecke sich senkte. Sie hielten einander bei den Pfoten und rannten vor die Tür, um es sich anzusehen.

Verwittert und windschief duckte sich ihre Hütte in die Brombeeren, die hoch und wild dagegenschlugen. „Was für ein Glückswetter! Und was für ein gemütliches Zuhause!“, schrie Mucker gegen das Sturmbrausen. Sie sahen zu, dass sie wieder hineinkamen.

Kristina Andres

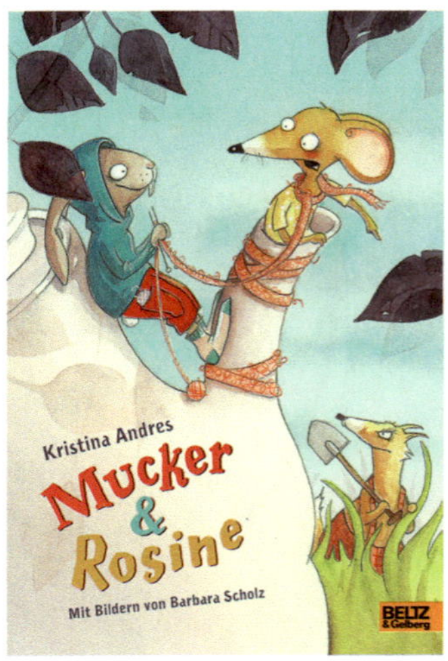

Was macht der Sturm alles?
Finde die Stellen im Text.

Wunderschöne Glitzer-Eicheln

Du brauchst:

- einige schöne, trockene Eicheln mit Hütchen
- einen stark haftenden Flüssigklebstoff
- Nagellacke in verschiedenen Farben, möglichst mit Glitzer
- eine Bastelunterlage

So geht's:

- Decke deinen Arbeitsplatz mit einer Bastelunterlage ab.
- Prüfe, ob alle Hütchen gut auf der Eichel halten.
- Lose Hütchen klebst du fest, indem du einen Klebetropfen ins Hütchen gibst und dieses gut an die Eichel andrückst.
- Wenn alles trocken ist, bemalst du die Eicheln mit unterschiedlichen Nagellacken.
  Du kannst auch mehrere Schichten auftragen.
  Dazu hältst du die Eicheln am Hütchen fest.
  Das Hütchen wird dabei nicht bemalt.

Weihnachts-Abc

Adventskalenderklappen öffnen
Bratäpfel mit Zucker löffeln
Christbaumschmuck und mildes Licht
Der erste Schnee weht ins Gesicht
Engelshaar ganz fein und weich
Frost zieht übern Gartenteich
Ganz, ganz viele Heimlichkeiten
Hundert Sachen vorbereiten
Im Schlafanzug das Haus durchstreifen
Jauchzen, lachen, Pläne reifen
Kommt das Christkind, kommt Papa
Lauter Fragen an Mama
Marzipan zu Nikolaus
Nüsse und ein Knusperhaus
Oma strickt schon seit zwei Wochen
Papa bunte Weihnachtssocken
Qualm quillt dick aus den Kaminen
Rund orange sind Apfelsinen
Spannend ist es jeden Tag
Träumen darf man, was man mag
Unterm Bett versteckt man dies und das
Vieles macht am Heiligabend größten Spaß
Wenn wir Lieder singen
Um die Tanne springen
Heiligabend wird es nett
X und Ypsilon und
Zett

Hermann Mensing

Schreibe und gestalte dein eigenes Weihnachts-Abc.

Bräuche zu Weihnachten

Weihnachtssterne

Im Advent und zu Weihnachten sieht man überall Sterne. Sie leuchten zum Beispiel in vielen Fenstern. Woher kommt dieser Brauch? Die Sterne im Fenster sollen den Stern von Bethlehem darstellen. Bethlehem ist die Stadt, in der Jesus geboren wurde. Ein besonders großer und heller Stern zeigte den Hirten und den Heiligen Drei Königen den Weg zur Krippe des Jesuskindes. Es gibt übrigens auch eine Blume, die man Weihnachtsstern nennt. Sie hat besonders schöne rote Blätter und wird so gezüchtet, dass sie im Advent blüht.

Mistelzweig

Glaubst du, dass ein Mistelzweig böse Geister vertreibt? Nein, das ist natürlich Quatsch. Und es ist auch nicht wahr, dass Menschen, die sich unter so einem Zweig küssen, ein Leben lang zusammenbleiben. Aber schön ist der Mistelzweig trotzdem, besonders, wenn man ihn mit einem roten Band an die Tür hängt.

Krippe

In der Bibel kann man lesen, dass Jesus in eine Krippe gelegt wurde, weil in der Herberge* kein Platz mehr für Josef, Maria und das Kind war. Der heilige Franz von Assisi wollte den Menschen besonders deutlich zeigen, wie es damals war, und stellte das Geschehen mit Menschen und echten Tieren nach. Das war etwa im Jahr 1223 – ist also schon ziemlich lange her. Die Krippe steht in vielen Familien zum Fest unter dem Weihnachtsbaum. Die Figuren sind heute allerdings aus Holz, Ton oder Plastik.

Schlittenfahren

Papi holte unseren Schlitten vom Dachboden runter. Er sagte, wir sollten die Kiste bloß nicht kaputtfahren, so wie letztes Jahr, als Dirk gegen einen Baum gerast war und sich den Arm gebrochen hatte. Dirk war immer viel mutiger als ich, aber dafür hatte ich mir auch noch nichts gebrochen. Außer einmal im Sommer, da war ich mit dem Fahrrad ein bisschen gegen die Laterne gefahren. Ich hatte mir zwei Zähne ausgeschlagen und runtergeschluckt. War aber nicht schlimm gewesen, das waren Milchzähne.

Es gab da eine große Wiese mit einem ganz langen Abhang bis runter zum Schwarzenbach, die war nur eine Viertelstunde von unserem Haus entfernt. Da gingen Dirk und ich hin. Der Schnee lag ziemlich hoch, und als wir ankamen bei der Wiese, da schneite es immer noch. Es war sehr kalt und still überall. Das einzige Geräusch kam von den Schneeflocken, wie sie leise auf die Erde fielen, und von unseren Stiefeln, wie sie durch den Schnee stapften. Wir kletterten den Abhang rauf und ich zog den Schlitten hinter mir her. Als wir oben ankamen, wollte Dirk natürlich gleich an der steilsten Stelle von allen runterfahren, die direkt zum Bach führte. Ich dachte mir gleich, dass das nicht gut gehen konnte, aber ich sagte nichts, damit Dirk nicht dachte, ich wäre ein Feigling. Wir setzten uns auf den Schlitten, Dirk vorne und ich hinten. Festhalten, rief Dirk, jetzt geht die Post ab! Es war super, vor allem superschnell. Der Wind rauschte mir um die Ohren, die Schneeflocken klatschten mir ins Gesicht und ich konnte kaum etwas sehen, weil ich die Augen zugekniffen hatte.

Es ging schneller und schneller und Dirk schrie, er wäre der beste Schlittenfahrer der Welt, und ich schrie, wann wir endlich ankämen. Dann gab es einen Schlag. Ich segelte kurz durch die Luft, es krachte und ich landete mit dem Gesicht voran im Schnee. Es tat total weh und brannte, aber wenigstens waren keine Knochen kaputt.

Dirk war nicht da. Der Schlitten auch nicht. Ich guckte mich um und da hörte ich Dirk schreien, unten im Schwarzenbach. Er saß mittendrin, klatschnass, neben dem Schlitten. Gott sei Dank war der Bach an der Stelle nicht besonders tief. Dafür war die Böschung ganz schön hoch, bestimmt einen Meter. Ich musste lachen, weil Dirk so witzig aussah mit seiner nassen Pudelmütze auf dem Kopf. Aber er war total sauer und schnauzte mich an, was es da zu lachen gäbe, schließlich hätte ich nicht richtig gelenkt, ich wäre ein Idiot und demnächst sollte ich zu Hause bleiben und Schneemänner bauen. Ich schnauzte zurück, selber Idiot, du bist einfach zu doof zum Schlittenfahren, und wenn er nicht seine Klappe hielte, dann könnte er sehen, wie er alleine aus dem blöden Bach wieder rauskäme. Dirk rief, ich könnte ihn ja sitzen lassen, dann würde er erfrieren und dann würde Weihnachten ausfallen und Silvester wahrscheinlich auch noch, wegen der Trauer. Ich tat so, als müsste ich lange nachdenken, und dann sagte ich, na gut, ich hol dich raus – aber nur wegen Weihnachten!

Andreas Steinhöfel

In diesem Buch kannst du lesen, was die Jungen außerdem erleben.

Frieda die Letzte

Will das müde Jahr sich neigen
und der Winter kommt ins Land,
fallen Blätter von den Zweigen
und die Fliegen von der Wand.

Aber unter einer Stiege*,
wo es warm ist, gibt es meist
eine allerletzte Fliege,
die gewöhnlich Frieda heißt.

Plötzlich hört man in der Diele
fein und ferne ihr Gesumm.
Und mit freundlichem Gefühle
dreht sich jeder nach ihr um.

Was im Sommer alle Leute
rasend machte, nämlich dies
Fliegensummen: Es klingt heute
wie ein Ton vom Paradies.

Vater, Tochter, Sohn und Mutter
halten bei der Frieda still.
Im Gelee und in der Butter
darf sie schleckern, wie sie will.

Selbst beim Weihnachtsfest – man denke –
liegen wie ein süßer Traum
klitzekleine Festgeschenke
für die Frieda unterm Baum.

Nuss- und Schokoladenschnitzel,
Krumen mit Rosinen drin,
hier ein Bitzel*, da ein Bitzel
legt man für die Frieda hin.

Dass die Frieda sich tatsächlich
bei den Gaben niederlässt,
wenn auch flink und oberflächlich,
ist der Höhepunkt vom Fest.

Die Familie ruft: „Wie reizend“,
als die Frieda Rotwein säuft
und – die Fliegenflügel spreizend –
über die Rosinen läuft.

Diese Frieda, liebe Kinder,
diese Fliege hat es fein.
Darum möcht auch ich im Winter
mal die letzte Fliege sein!

James Krüss

Male zu deiner Lieblingsstelle im Gedicht.

Stichwortverzeichnis

Wörterverzeichnis (Glossar)

Affäre hier: unangenehme Angelegenheit

Asteroid kleiner Himmelskörper, der die Sonne umkreist

Atelier Arbeitsplatz eines Künstlers

Atmosphäre Lufthülle um die Erde

Baiser (franz., sprich: Beh-seh) Gebäck aus gezuckertem Eischnee

Banause Mensch ohne Sinn für Kunst

Bitzel kleines Stückchen

chronisch lange andauernd

Delikatesse Leckerbissen, Köstlichkeit

Ebenholz dunkles Holz für Möbel

Embryo noch nicht geborenes Lebewesen

entfleuchen entfliehen

entsorgen beseitigen, vernichten

Granulat Substanz in Form von Körnchen

Halunke Gauner, Verbrecher

Hauer Eckzahn des männlichen Wildschweines

Hebräisch Sprache, die zum Beispiel in Israel gesprochen wird

Herberge Unterkunft für Reisende

Impressionisten Künstler einer bestimmten Kunstrichtung in der Malerei

jähzornig bei geringem Anlass zornig

jubilieren jubeln, sich freuen

Kantschil Zwerghirsch, Märchenfigur aus Indonesien (Südostasien)

Komet Himmelskörper aus Kern, Nebelhülle und Schweif

konstant gleichbleibend

Kupfer rotes, leicht formbares Metall

lispeln Sprechfehler bei Zischlauten wie S

Mine hier: Ort unter der Erde, an dem Erz abgebaut wird

Moral Lehre

mystisch geheimnisvoll

Patent rechtlich geschützte Erfindung

Perücke künstliches Haarteil

Pest sehr ansteckende Krankheit

pompös übertrieben prachtvoll

prahlen angeben

Proviant Essen für unterwegs

repräsentieren vertreten

Rohstoffe Naturprodukte, die noch nicht verarbeitet wurden

rumoren poltern, Krach machen

Schlamassel verfahrene, schwierige Situation

schmeicheln etwas sagen, das dem anderen gefällt

schmökern gemütlich etwas Unterhaltendes oder Spannendes lesen

Siegel Zeichen mit besonderer Bedeutung

spendabel großzügig

Sponsorenlauf Lauf für einen guten Zweck, um Geld zu sammeln

Stiege steile Holztreppe

Stube (Wohn-)Zimmer, größerer Raum

Tröpfe = Mehrzahl von Tropf kindliche Menschen

verschroben seltsam

Visier durchsichtiger Gesichtsschutz am Helm

zetern schimpfen

Quellenverzeichnis

Textquellen

6/7 Anger-Schmidt, Gerda: Der Hund ist rund – na und? Dachs Verlag, Wien 2006 | 8 Kumpe, Michael: Überall und neben dir. Herausgegeben von Hans-Joachim Gelberg. Beltz und Gelberg, Weinheim und Basel 1986 | 8 Hagen, Monique und Hans: Wie sehr ich dich mag. Oetinger Verlag, Hamburg 2001 | 8 Guggenmos, Josef: Überall und neben dir. Herausgegeben von Hans-Joachim Gelberg. Beltz und Gelberg, Weinheim und Basel 1986 | 9 Bräunling, Elke: http://www.elkeskindergeschichten.de/2016/01/01/nimm-deine-traeume/letzter Zugriff am 26.03.2018 | 10 © Guggenmos, Josef | 11 Fröhlich, Roswitha: Caspars Traumbuch. Herausgegeben von Andreas Röckener. Carlsen Verlag, Hamburg 1997 | 12/13 Kaléko, Mascha: Die paar leuchtenden Jahre. Herausgegeben von Gisela Zoch-Westphal. dtv Verlagsgesellschaft mbH & Co. KG, München 2003 | 14 Pfister, Christl: Schrumpelhexe Warzenschön. Rowohlt Taschenbuch Verlag GmbH, Reinbek bei Hamburg 1988 | 15 Manas, Pedro: Arche Kinderkalender 2012. Herausgegeben von der Internationalen Jugendbibliothek, München. Deutsch von Ilse Layer. Arche Kalender Verlag GmbH, Hamburg 2011 | 16 Stevenson, Robert Louis: Lebe glücklich, lebe froh wie der Mops … Die schönsten Gedichte für die ganze Familie. Herausgegeben von Gerlinde Wiencirz. arsEdition München 2007 | 16 Wittkamp, Frantz: Ich glaube, dass du ein Vogel bist. Beltz & Gelberg, Weinheim/Basel 1987 | 17 Hector, Lea: Freunde. Gertraud Middelhauve Verlag, München 1982 | 17 Schwarz, Regina: Überall und neben dir – Gedichte für Kinder und Erwachsene. Herausgegeben von Hans-Joachim Gelberg. Beltz & Gelberg, Weinheim/Basel 2011 | 18 © Baumann, Hans | 18 Karsunke, Yaak: Ich liebe dich wie Apfelmus: die schönsten Gedichte für Kleine und Große. Herausgegeben von Amelie Fried. Bertelsmann Verlag, München 2006 | 19 Poitycki, Matthias: Firlefanz – ganz und gar und gar und ganz. Sinn- und Unsinnsgedichte. Herausgegeben von Jens Sparschuh. Tulipan Verlag, Berlin 2012 | 20/21 Port, Moni: Wer sitzt im Wald und winkt? Mehr Rätselwitze und Quatschbilder. Klett Kinderbuchverlag, Leipzig 2016 | 20/21 Port, Moni: Was liegt am Strand und redet undeutlich? Rätselwitze und Quatschbilder. Klett Kinderbuchverlag, Leipzig 2015 | 22 Manz, Hans: Mit Wörtern fliegen. Neues Sprachbuch für Kinder und Neugierige. Beltz und Gelberg, Weinheim und Basel 1995 | 22 Maar, Paul: Eselsbrücken: Merksätze, Gedichte und ganz viel Lustiges. Carlsen Verlag, Hamburg 2016 | 23 Endrikat, Fred: Ich liebe dich wie Apfelmus: die schönsten Gedichte für Kleine und Große. Herausgegeben von Amelie Fried. Bertelsmann Verlag, München 2006 | 24 Yolen, Jane: Arche Kinderkalender 2014. Herausgegeben von der Internationalen Jugendbibliothek, München. Deutsch von Sybil Gräfin Schönfeldt. Arche Kalender Verlag, Hamburg 2013 | 24 „Night Noises in the City" copyright © 2010 by Jane Yolen. Originally published in SWITCHING ON THE MOON: A VERY FIRST BOOK OF BEDTIME POEMS (Candlewick Press). Reprinted by permission of Curtis Brown, Ltd. | 25 Hüsler, Silvia: Kinderverse in über 50 Sprachen: mit Originaltexten, Ausssprachehilfen und Übersetzungen. Herausgegeben von Silvia Hüsler. Lambertus, Freiburg im Breisgau 2017 | 26 Berner, Rotraut Susanne: Das Wimmlinger Geschichtenbuch. Gerstenberg Verlag, Hildesheim 2014 | 27 Guggenmos, Josef: Ich liebe dich wie Apfelmus: die schönsten Gedichte für Kleine und Große. Herausgegeben von Amelie Fried. Bertelsmann Verlag, München 2006 | 27 Maar, Paul: Da bin ich gespannt wie ein Gummiband – Die samsigsten Sprüche vom Sams. Oetinger Verlag, Hamburg 2012 | 27 Ich liebe dich wie Apfelmus: die schönsten Gedichte für Kleine und Große. Herausgegeben von Amelie Fried. Bertelsmann Verlag, München 2006 | 28 Märchen, Sagen und Fabeln: drei fix und fertige Stationsläufe. Herausgegeben von Saskia Kistner und Ann Cathrin Mihsler. Verlag an der Ruhr, Mülheim an der Ruhr 2015 | 29 Äsop: Märchen, Sagen und Fabeln: drei fix und fertige Stationsläufe. Herausgegeben von Saskia Kistner und Ann Cathrin Mihsler. Verlag an der Ruhr, Mülheim an der Ruhr 2015 | 30/31 Bade, Eva: Eselsbrücken: Merksätze, Gedichte und ganz viel Lustiges. Carlsen Verlag, Hamburg 2016 | 34 Kumpe, Michael: Überall und neben dir, Gedichte für Kinder. Herausgegeben von Hans-Joachim Gelberg. Beltz & Gelberg, Weinheim/Basel 1986 | 34 Manz, Hans: Ins Land der Fantasie. Gedichte für Kinder. Herausgegeben von Ursula Remmers und Ursula Warmbold. Reclam, Stuttgart 2003 | 35 Bletschacher, Richard: Dunkel war's, der Mond schien helle: Verse, Reime und Gedichte. Herausgegeben von Edmund Jacoby. Gerstenberg Verlag, Hildesheim 1999 | 36/37 Nitz, Elisabeth: LUX – Das Magazin für helle Köpfe. Die Schülerzeitschrift für Unterricht und Freizeit. Jungösterreich Zeitschriftenverlag, Innsbruck 2016 | 38/39 Tellegen, Toon: Das Nilpferd und das Nashorn. Deutsch von Mirjam Pressler. Hanser, München 2014 | 40/41 Armando: Sämtliche Märchen. Deutsch von Mirjam Pressler und Marlene Müller-Haas. Carl Hanser Verlag, München 2005 | 42-44 Janosch: Janosch erzählt Grimms Märchen. Beltz & Gelberg, Weinheim/Basel 2017 | 45 Scheufler, Sylke: Eulenblumen und Pustespiegel. Geschichten und Gedichte von Autoren aus Sachsen-Anhalt für Kinder im Vorschul- und Grundschulalter. Mitteldeutscher Verlag, Halle/Saale 2009 | 46/47 Hohler, Franz: Ein Pudel spricht zur Nudel. Komisches für Kinder. Herausgegeben von Gudrun Schury. Aufbau Verlag, Berlin 2010 | 48 Anger-Schmidt, Gerda: Der Hund ist rund – na und? Dachs Verlag, Wien 2006 | 50/51 Boie, Kirsten: Kirsten Boie erzählt vom Angsthaben. Oetinger Verlag, Hamburg 2012 | 52/53 Smith, David J.: Wenn die Welt ein Dorf wäre: ein Buch über die Völker der Erde. Deutsch von Hildegard Gärtner. Jungbrunnen, Wien 2016 | 54/55 Holtei, Christa: Zahlensalat und Rechenzauber – Geschichten, Gedichte und Spiele rund um Zahlen. Patmos Verlag, Sauerländer, Düsseldorf 2007 | 56/57 Heine, Florian: Monet und seine Freunde. Prestel Verlag, München 2015 | 58/59 Strempel, Günter: Berlin entdecken – Der Stadtführer für Kinder. Nicolai Verlag, Berlin 2010 | 60/61 Brown, Martin: Tiere, die kein Schwein kennt. Deutsch von Jorunn Wissmann. Gerstenberg Verlag, Hildesheim 2017 | 62 Hirsch, Josephine: Das Knusperhaus: Reime, Geschichten, Spielgedichte für Familie, Schule, Kindergarten. Verlag Herder, Wien, Freiburg i. Br., Basel 1988 | 62 Jandl, Ernst: Der künstliche Baum. Luchterhand, Darmstadt und Neuwied 1970 | 68/69 Nicollier, Claude: Gibt es auf der dunklen Seite vom Mond Aliens? – 55 galaktische Kinderfragen an Professor Moore. Herausgegeben von Ben Moore. Kein & Aber, Zürich 2017 | 70 Maar, Paul: Neue Punkte für das Sams. Oetinger Verlag, Hamburg 1992 | 70 Böhringer, Paul: Der schönste erste Satz – Eine Auswahl der charmantesten und eindrucksvollsten Beiträge zum internationalen Wettbewerb ‚Der schönste erste Satz'. Herausgegeben von der Initiative Deutsche Sprache und Stiftung Lesen. Hueber, München 2007 | 70 Korschunow, Irina: Das große Wawuschel-Buch. dtv junior, München 2015 | 70 Engelhardt, Johann: Der schönste erste Satz – Eine Auswahl der charmantesten und eindrucksvollsten Beiträge zum internationalen Wettbewerb ‚Der schönste erste Satz'. Herausgegeben von der Initiative Deutsche Sprache und Stiftung Lesen. Hueber, München 2007 | 71 Reiche, Dietlof: Freddy, Ein Hamster greift ein. Beltz, Weinheim 2010 | 71 Dudziak, Laura: Der schönste erste Satz – Eine Auswahl der charmantesten und eindrucksvollsten Beiträge zum internationalen Wettbewerb ‚Der schönste erste Satz'. Herausgegeben von der Initiative Deutsche Sprache und Stiftung Lesen. Hueber, München 2007 | 71 Löw, Thorsten: Beißt nicht gibts nicht. Fangerfolg garantiert. Kosmos, Stuttgart 2015 | 71 Schildbach, Lukas: Der schönste erste Satz – Eine Auswahl der charmantesten und eindrucksvollsten Beiträge zum internationalen Wettbewerb ‚Der schönste erste Satz'. Herausgegeben von der Initiative Deutsche Sprache und Stiftung Lesen. Hueber, München 2007 | 72/73 Funke, Cornelia: Die besten Leselöwen Geheimnisgeschichten. Loewe Verlag, Bindlach 2017 | 74/75 Parvela, Timo: Ella in der Schule. Deutsch von Anu Stohner. Hanser, München 2010 | 76/77 Goscinny, René: Der kleine Nick und die Schule. Deutsch von Hans Georg Lenzen. Diogenes, Zürich 2016 | 78/79 Mayer, Gina: Der magische Blumenladen – Zaubern ist nichts für Feiglinge. Ravensburger Buchverlag, Ravensburg 2016 | 80/81 Lindgren, Astrid: Karlsson vom Dach. Oetinger Verlag, Hamburg 1990 | 82/83 Koch, Boris: Die Mondschatzjäger. Heyne Verlag, Köln 2016 | 84/85 Mai, Manfred: Leonie ist verknallt. Ravensburger Buchverlag, Ravensburg 2007 | 86/87 Peinkofer, Michael: Die Sternenritter – Die Festung im All. Carlsen Verlag, Hamburg 2014 | 88/89 Gerhardt, Sven: Die Heuhaufenhalunken. cbj, München 2017 | 90/91 Szillat, Antje: Flätscher – Die Sache stinkt. dtv junior, München 2016 | 92/93 Thörner, Cordula: Eselsbrücken: Merksätze, Gedichte und ganz viel Lustiges. Carlsen Verlag, Hamburg 2016 | 94 Küntzel, Karolin: Weißt du, wie die Welt funktioniert? Geheimnisse des Alltags leicht erklärt. Compact Via Kids, München 2014 | 95 van Saan, Anita: 365 Experimente für jeden Tag. moses Verlag, Kempen 2009 | 96/97 Herzog, Annette: Titel: Frühling mit Freund, Vorlesegeschichten. Moritz, Frankfurt am Main 2017 | 98 Bydlinski, Georg: Wasserhahn und Wasserhenne. Dachs Verlag, Wien 2002 | 98 Grosche, Erwin: Und Löffel zu Löffel ins Löffelfach. Boje ein Imprint der Bastei Lübbe AG, Köln 2016 | 100 Guggenmos, Josef: Oh, Verzeihung, sagte die Ameise. Beltz & Gelberg, Weinheim/Basel 1990 | 100 Bernstein, F. W.: Firlefanz – ganz und gar und gar und ganz. Herausgegeben von Jens Sparschuh. Tulipan, Berlin 2012 | 102 Uebe, Ingrid: Jetzt kommen die sonnigen Tage, Kalendergeschichten für Frühling und Sommer. cbj, München 2005 | 104 Rubio, Antonio: Arche Kinderkalender 2014. Herausgegeben von der Internationalen Jugendbibliothek, München. Deutsch von Ilse Layer. Arche Kalender Verlag, Hamburg 2013 | 104 Rautenberg, Arne: der wind lässt tausend hütchen fliegen. Boje Verlag GmbH, Köln 2010 | 104 Schubiger, Jörg: Großer Ozean. Beltz, Weinheim 2000 | 104 Manz, Hans: In wenigen Worten die ganze Welt. Herausgegeben von Christine Knödler. Thienemann Verlag, Stuttgart 2009 | 106 Hoffmann, Heinrich: In wenigen Worten die ganze Welt. Herausgegeben von Christine Knödler. Thienemann Verlag, Stuttgart 2009 | 107 Bydlinski, Georg: Ein Gürteltier mit Hosenträgern. Gedichte und Lieder für Kinder und Erwachsene, Dachs Verlag 2005, © beim Autor, www.georg-bydlinski.at | 108 Andres, Kristina: Mucker und Rosine. Weinheim: Beltz & Gelberg 2015 | 110 Mensing, Hermann: Weihnachten ganz wunderbar: ein literarischer Adventskalender. Herausgegeben von Britta Groiß. Ueberreuter, Berlin 2013 | 112/113 Steinhöfel, Andreas: Dirk und ich. Carlsen Verlag, Hamburg 2016 | 114/115 Krüss, James: Der wohltemperierte Leierkasten. S. Mohn, Gütersloh 1961

Originalbeiträge Wiebke Gerstenmaier: 55 Zahlenrätsel |105 Zugvögel beobachten | Sonja Grimm: 63 Plastikmüll im Meer | 64/65 Weg mit dem Plastikmüll – Interview mit einem Erfinder | 66/67 Vulkane | 101 Eisbärenwaffeln | 109 Wunderschöne Glitzereicheln | 32 Martina Schramm: Der gestiefelte Kater | 111 Bräuche zu Weihnachten

Bildquellen

12/13 Uwe-Michael Gutzschhahn/Sabine Wilharm (Illustrationen), Ununterbrochen schwimmt im Meer der Hinundhering hin und her. Das dicke Buch vom Nonsens-Reim. © 2015 cbj Verlag, München, in der Verlagsgruppe Random House GmbH | 19 Firlefanz – ganz und gar und ganz. Sinn- und Unsinnsgedichte. Hrsg. Jens Sparschuh, Illustrationen: Susanne Straßer. Tulipan Verlag, München 2012. Rechte der Illustrationen bei Susanne Straßer, München 2018 | 20/21 Moni Port: Was sitzt im Wald und winkt? Illustrationen von Jörg Mühle © 2016 Klett Kinderbuch Verlag, Leipzig | 22 Eva Bade & Cordula Thörner, Eselsbrücken – Merksätze, Gedichte und ganz viel Lustiges. Mit Illustrationen von Meike Haberstock © Carlsen Verlag GmbH, Hamburg 2016 | 25 Silvia Hüsler, Kinderverse in über 50 Sprachen. 3. überarbeitete und erweiterte Auflage, Lambertus-Verlag Freiburg i. Br. 2017 | 26 Rotraut Susanne Berner: Das Wimmlinger Geschichtenbuch. © 2014 Gerstenberg Verlag, Hildesheim | 30/31 Eva Bade/Cordula Thörner: Eselsbrücken © Carlsen Verlag GmbH, Hamburg 2016 | 38/39 Man wird doch wohl mal wütend werden dürfen. Von Toon Tellegen und Marc Boutavant. Übersetzt von Mirjam Pressler. Illustrationen: Marc Boutavant. Carl Hanser Verlag, München 2015 | 47 Ein Pudel spricht zur Nudel. Komisches für Kinder. Hrsg. von Gudrun Schury. Mit Illustrationen von Leonard Erlbruch. © Aufbau Verlag GmbH & Co. KG, Berlin 2010 (für die Illustration) | 50/51 Kirsten Boie erzählt vom Angsthaben. Illustrationen von Erhard Dietl. Verlag Friedrich Oetinger, Hamburg 2012 | 56 akg images | 57 bpk/Lutz Braun | 59 o. re. bpk/Jörg P. Anders | 59 o. li. SZ Photo/Süddeutsche Zeitung Photo | 59 m. re. Picture-Alliance/dpa-Bildarchiv | 59 u. li. SZ Photo/Norbert Michalke/imageBROKER | 60/61 Martin Brown: Lesser Spotted Animals. David Fickling Books, Oxford 2016 | 63 o. li. Fotolia/carmelod | 63 o. re. Fotolia/sablin | 63 m. li. Fotolia/Richard Carey | 63 u. re. Fotolia/Thomas Söllner | 64 Picture-Alliance/dpa Picture-Alliance/Sueddeutsche Zeitung Photo/Sueddeutsche | 66 o. Bridgeman Art Library/Eruption of Vesuvius (gouache on paper) by Watt, John Millar (1895–1975); Private Collection; © Look and Learn; © VG Bild-Kunst, Bonn 2018 | 66 u. akg images/Bildarchiv Monheim/Achim Bednorz/www.bildarchiv-monheim.de | 67 shutterstock/Ammit Jack | 68 laif/Keystone Schweiz | 69 action press/Handout/NASA/Planetpix | 70 o. Neue Punkte für das Sams. Text und Illustration: Paul Maar. Verlag Friedrich Oetinger, Hamburg 1992 | 70 m. Das große Wawuschel-Buch. Von Irina Korschunow. Illustrationen von Erich Hölle. Deutscher Taschenbuch Verlag, München 2015 | 71 o. Freddy – Ein Hamster greift ein. Von Dietlof Reiche, Illustrationen: Wolf Erlbruch. © 2010 Beltz Verlag, Beltz & Gelberg, Weinheim & Basel | 71 m. Beißt nicht, gibt's nicht. Von Thorsten Löw (Text und Cover-Foto). © 2006, 2009, 2015 Franckh-Kosmos Verlags-GmbH & Co. KG | 72/73 Der Bücherfresser. Cornelia Funke, Leselöwen – Dachbodengeschichten © 1998 Loewe Verlag GmbH, Bindlach | 74/75 Ella in der Schule. Von Timo Parvela. Übersetzt aus dem Finnischen von Anu und Nina Stohner, Illustration von Sabine Wilharm. Carl Hanser Verlag, München 2007 | 77 u. Der kleine Nick und die Schule: sechzehn prima Geschichten vom kleinen Nick und seinen Freunden. Von Jean-Jacques Sempé, Diogenes Verlag, Zürich 2006 | 78/79 Der magische Blumenladen – Zaubern ist nichts für Feiglinge. Von Gina Mayer, Illustrationen Joëlle Tourlonias. © 2016 Ravensburger Buchverlag Otto Maier GmbH, Ravensburg | 80/81 Karlsson vom Dach. Von Astrid Lindgren. Übersetzung: Thyra Dohrenburg, Einband Ilon Wikland. Verlag Friedrich Oetinger, Hamburg 1990 | 82 Die Mondschatzjäger. Von Boris Koch. Illustriert von Das Illustrat. Heyne Fliegt, München 2016 | 84/85 Leonie ist verknallt. Von Manfred Mai, Illustrationen Betina Gotzen-Beek, © 2007 Ravensburger Buchverlag Otto Maier GmbH, Ravensburg | 86/87 Michael Peinkofer, Sternenritter 1 – Die Festung im All. Mit Illustrationen von Daniel Ernle © Carlsen Verlag GmbH, Hamburg 2014 | 88/89 Illustrationen Hahn, Kind auf Wiese von Vera Schmidt aus: Sven Gerhardt/Vera Schmidt (Illustrationen), Die Heuhaufen-Halunken © 2017 cbj Verlag, München, in der Verlagsgruppe Random House GmbH | 90/91 Antje Szillat: Flätscher – Die Sache stinkt. Illustrationen von Jan Birck © 2016 dtv Verlagsgesellschaft mbH & Co. KG | 92/93 Eva Bade & Cordula Thörner, Eselsbrücken – Merksätze, Gedichte und ganz viel Lustiges. Mit Illustrationen von Meike Haberstock © Carlsen Verlag GmbH, Hamburg 2016 | 94 li. shutterstock/Dolyong An | 94 re. mauritius Images/Peter Lehner | 95 365 Experimente für Jeden Tag. Von Dorothea Tust, Illustration: Anita van Saan. moses.Verlag, Kempen 2009 | 96/97 Frühling mit Freund. Von Ingrid und Dieter Schubert. Moritz Verlag, Frankfurt am Main, 2015 | 98 o. Und Löffel zu Löffel ins Löffelfach. Von Erwin Grosche, Illustrationen von Lars Baus. Boje ein Imprint der Bastei Lübbe AG, Köln, 2016 | 99 „Meine Ferien" aus: „Ein und alles" (Christine Nöstlinger und Jutta Bauer Verlagsgruppe Beltz 1992), Rechte bei Jutta Bauer, Hamburg | 100 u. Firlefanz – ganz und gar und ganz. Sinn- und Unsinnsgedichte. Hrsg. Jens Sparschuh, Illustrationen: Susanne Straßer. Tulipan Verlag, München 2012. Rechte der Illustrationen bei Susanne Straßer, München 2018 | 101 o. Sonja Grimm, Althengstett | 105 o. Fotolia/Martina Berg | 105 m. Fotolia/stadelpeter | 106/107 Daniela Kulot: In wenigen Worten die ganze Welt. © 2009 Thienemann Verlag in der Thienemann-Esslinger Verlag GmbH, Stuttgart | 108 o. Mucker und Rosine. Von Kristina Anders, Illustration Barbara Scholtz © 2015 Beltz & Gelberg in der Verlagsgruppe Beltz, Weinheim Basel | 109 Sonja Grimm, Althengstett | 111 o. Fotolia/pic | 111 m. www.colourbox.de/Colourbox. com | 111 u. www.colourbox.de/Colourbox. com | 113 Andreas Steinhöfel, Dirk und ich. Mit Bildern von Peter Schössow © Carlsen Verlag GmbH, Hamburg 2016 | 114/115 o. Das große James-Krüss-Buch: Ein Eisbär ist kein Pinguin. Illustration: Verena Ballhaus. Boje ein Imprint der Bastei Lübbe AG, Köln 2007

? Lolas Lesebuch-Quiz

Finde die richtigen Antworten im Lesebuch.
Notiere in deinem Heft die Lösungsbuchstaben.
Zusammengesetzt ergeben die Buchstaben ein Wort.

1. Paul mit der roten Mütze ist:

B	L	U
ein kleiner Junge	ein Nashorn	ein Zirkusdirektor

2. Meggy wohnt:

M	G	E
in Sumpflitz	in Langeweilen	in Dümpelwalde

3. Dieses Wort findest du im Weihnachts-Abc bei M:

S	A	Q
Marzipan	Mandelkerne	Marmelade

4. Der Text von Robert Louis Stevenson ist:

Y	E	T
ein Tagebucheintrag	ein Gedicht	eine Abenteuergeschichte